Plaisirs et Frissons :

Démagogie, Charisme et Liberté avec Max Weber,

Émile Durkheim & J.J. Rousseau

par Roy Berger

Photos de Roy Berger

Traduit par Mourad Zekri

Faux-Pas Press

Ottawa

Canada

Copyright 2016

theprinceofcornwall@yahoo.com

Première Édition

Bibliothèque et Archives Catalogage du Canada

Édition papier en anglais

ISBN # 978-0-9877363-7-6

Édition électronique en anglais

ISBN # 978-0-9877363-8-3

Édition papier en français

ISBN # 978-0-9877363-9-0

Édition électronique en français

ISBN # 978-0-9958159-0-2

i

Introduction

Des fauteuils et des trônes attendent nos philosophes Rois. Nous croyons qu'ils vivent parmi nous. Ces fauteuils d'influence ne devraient pas être occupés dans la mémoire post-moderne, ils devraient être toujours vacants, attendant à ce qu'ils soient occupés. Accompagnés par la main invisible, nous sommes seuls livrés à nos propres moyens, tâtonnant vers l'avenir, essayant de donner un sens au passé. Heureusement, il existe plusieurs traces sur la neige que l'on peut suivre. De grands esprits limpides nous ont précédés, des esprits qui ont vraiment cherché à connaître les vérités et les conditions sociales.

La compréhension critique reste un outil utile dans le traitement du flux d'information ; nonobstant ses qualités interactives et comme un nuage déterminé, les Propositions Constitutionnelles n'ont jamais vraiment disparu, elles existent comme point de départ pour le débat et sont toujours une lecture passionnante.

Dans ces trois savoureux, essai, info-snacks, je ne me suis pas rendu coupable d'être impartial. Ses propres préjugés sont une science bien fondée qui est applicable dans le temps et dans l'espace comme une formule mathématique qui peut être reproduite quelle que soit la région ou l'heure de la journée pour générer la même réponse. Parvenir à comprendre le fonctionnement d'un groupe social est aussi précieux que d'avoir la combinaison d'une voûte. Notre histoire est un précipice scientifique quotidien.

Plusieurs formes d'Internet étaient à leurs débuts au moment initial de l'écriture mais je l'ai trouvé nécessairement souhaitable d'y recourir par-ci par-là par crainte que vous me preniez pour un prémonitoire.

Il y a le moment pour courir, le moment pour esquiver et le moment pour planifier. Si vous lisez ceci, c'est bien la preuve que vos ancêtres ont fait toutes ces choses aux bons moments.

Les modes de distribution de la propagande évoluent. Qui peut fournir de l'encre, du papier et une imprimerie ? Qui peut fournir l'électricité pour exploiter Internet ? Qui se soucie des éjections de masse coronale solaire ? Tous les acteurs sociaux dans la société ne reçoivent pas les mêmes informations à la même fréquence, ni l'information est-elle traitée de la même manière. Qui a la clé de cryptage, le mot de passe et la carte mémoire ?

Les œuvres de ces maîtres se concrétisent bien dans le temps et dans l'espace. Elles demeurent vitales et leurs fondations sont capitales. Comme j'ai déniché ces œuvres, je suis convaincu qu'elles comptent encore et bien plus qu'avant parce que nous sommes là, aujourd'hui.

La théorie de la dynamique de groupe affirmera qu'au fur et à mesure que les groupes se développent, il y aura des divergences de pensée, d'opinion et ultimement de répartition du pouvoir. Et le pouvoir est en effet un gros problème. Que le pouvoir soit légitime, rationnel ou même légal – nous savons que c'est un sac de chats humides furieux et déterminés. Voici mon sac de chats furieux. N'oubliez pas d'esquiver et de vous couvrir.

Juste avant la publication, j'ai reçu un télégramme de Max Weber. Il écrit qu'il est en train d'éditer trois nouveaux livres : *The Artificial Intelligence Ethic and the Spirit of Capitalism, Robotic Economy and Society*, et ce qui serait son meilleur succès d'après lui, *Surveillance as A Vocation*. Je sais que nous pouvons nous attendre à son influence pendant un bon moment.

Merci, cordialement, Roy Berger.

Berger - Plaisirs et Frissons

Table des matières

Eh bien, c'est là où je vais parler de démagogues, dirigeants et ceux qui les contesteraient. Oh oui, et la puissance qui vient des bâtons et des pierres et les mots qui vous impactent pour toujours.

Les premières fois où j'ai lu les Propositions Constitutionnelles Canadiennes, je savais que je devrais en parler à tout le monde. Rousseau est tellement branché et cool que je pense que s'il avait son propre site Internet, il mettra probablement des titres de Janis Joplin et de Bob Dylan en fond sonore. C'est notre papy de la démocratie.

Weber lâche complètement tout quand nous apprenons à connaître le charismatique et comment ceci est différent du fait d'être populaire en jour de gloire. Quand nous sommes excités et nous partons à la marche ou si nous voulons que nos voisins s'excitent et partent à la marche, nous devons se pencher sur notre conscience de « se sentir mieux » tandis que Buddy « le charismatique », réalise quelques miracles.

Domination par les Spinmasters de la Planète Terre :

De la Botte à la Résistance

Une vie sans domination serait une vie en parfait équilibre. Ce monde (de type) idéal serait sans conflit, sans changement et serait stagnant et sans contestation. L'évolution se serait effectivement arrêtée. Toutefois, la domination est vivante, bien autour de nous tout le temps. Elle contrôle nos modes de croyance et guide nos valeurs et nos esprits. Parfois, elle essaie de secouer les valeurs existantes et les remplacer par d'autres.

La domination comme une notion de type idéal existe sans valeur. Elle n'est ni positive ni négative, c'est juste le nom que nous donnons à une force, une force différente du « pouvoir ». La domination est différente du pouvoir dans la mesure où la domination punit le briseur de règle qui irait à contre-courant. La domination englobe la coercition, qu'elle soit implicite, imaginaire ou réelle. La domination peut prendre la forme d'un paradigme vigoureusement défendu par un groupe de scientifiques qui ont le pouvoir de recommander des subventions[1] et des prêts en faveur de programmes de recherche, ou elle peut prendre la forme d'attacher les mains d'un jeune

---

[1] Voir Thomas Kuhn, *La Structure de la Révolution Scientifique*

enfant que l'on a surpris en train de mâcher du chewing-gum en classe.

La domination peut aussi offrir de grosses récompenses, comme elle peut être utilisée dans certains cultes. Suivez ces leçons avec soin, donnez tout votre être à *Bob*. Pensez seulement à Bob et vous irez au « *Paradis Serein* ». À travers le temps et en utilisant certains outils de domination, vous êtes bientôt dominé par « *L'Église de Bob* » et ses promesses, ses rationalisations et ses slogans dogmatiques, surpris par vous-même de vendre des crayons dans les aéroports pour L'Église de Bob.

La Domination comme un Cours d'Action Sociale

« Les relations sociales consistent donc entièrement et exclusivement en l'existence d'une probabilité qu'il y aura, dans un sens véritablement compréhensible, un cours d'action sociale. » [2]

La Définition, sens et critères d'une relation sociale, correspond à ce qui est nécessaire pour permettre la formation de la domination. Ils ont tous les deux besoin de ce qui est nécessaire pour permettre la formation de la domination. Ils ont tous les deux besoin d'un consentement mutuel, une réflexion et une action sociale. Ils sont tous les deux un accord, une décision commune et ils peuvent varier, comme tant d'autres, en intensité, fréquence et durée.

---

[2] J.E.T. Eldridge, ed. *Max Weber: L'interprétation de la Réalité Sociale.* (London, Joseph, 1970), page 91.

Quand Weber écrit cette sélection, il est, bien sûr, seulement capable de définir les conditions et ne fournit pas un énoncé mathématique de la probabilité d'une relation sociale. Aussi, nous ne pouvons pas dire que « domination » et « relation sociale » sont la même chose, mais nous ne pouvons pas dire non plus qu'une peut avoir lieu sans l'autre. Autrement dit, s'il y a domination il doit y avoir une relation sociale, mais s'il y a une relation sociale, ça ne présuppose pas la domination. La domination implique un déséquilibre du pouvoir. Mais un déséquilibre du pouvoir ne présuppose pas le conflit.

Les relations sociales, Weber soutient, "...**peuvent être influencées par la création d'avantages différentiels qui favorisent un type plutôt qu'un autre »** Tout le reste peut produire ces **avantages différentiels, autrement dit, « Tous les changements des conditions sociales naturelles ont d'une façon ou d'une autre un effet sur les probabilités différentielles de la survie des relations sociales »** [3]

Donc la limitation de prédiction ici, d'une vue empirique, est la disponibilité des données, l'identification des indicateurs pertinents et un système de corrélation entre les données, les indicateurs et les relations sociales. Résoudre cela serait une étape importante vers la prédiction de la domination au sein d'une probabilité qui pourrait être traitée dans une mesure de rapport et

---

[3] Ibid. page 86.

d'intervalle. Une des fonctions de la bureaucratie est de recueillir des données et créer des systèmes.

La Domination Organisée – La Bureaucratie

« La discipline et sa sœur, la bureaucratie, présupposent une allégeance à un autre que soi ; une institution, un état, des dirigeants. Elle suppose la domination en vertu d'une désindividualisation subtile ou manifeste. Vivre la bureaucratie est de croire en quelque chose d'autre que la famille, la communauté ou l'amitié que l'on doit apaiser, y obéir et s'y conformer. »[4]

Weber a reconnu que « la domination organisée »[5], ou l'ordre, vu que c'est si étroitement liée à l'utilisation légitime de la violence, exige une administration ou une bureaucratie continue pour l'instaurer. La bureaucratie est nécessaire pour « la domination organisée ». Ici la réflexion de Weber sur l'Université s'avère utile :

« En l'absence d'un sentiment d'estime de soi civile et un sens de responsabilité pour leurs propres actions, le peuple allemand n'a montré aucune inclination ou capacité à maintenir leur indépendance face aux dirigeants politiques de génie charismatique et une bureaucratie puissante. [6]

---

[4] *Max Weber. Economy and Society: An Outline of Interpretive Sociology.* Ed. Guenther Roth & Claus Wittich (New York, Bedminster Press, 1968) page 1149.

[5] H.H. Gerth & C. Wright Mills, eds & trans. *De Max Weber* (Londres, Routledge & Kegan Paul, 1970) page 80.

[6] *Max Weber sur les Universités.* Ed & trans. Edward Shils (Chicago, University of Chicago Press, 1974) page 3.

Dans le contexte initial de cette citation tirée de l'introduction, E. Shils fait allusion à la montée de Otto Von Bismarck en Allemagne et son impact sur la civilité de la population allemande. Il s'agit en effet d'un mélange des trois types purs de domination chez Weber. L'héritage de Bismarck de la domination légale, traditionnelle et charismatique a évincé la civilité et l'a lentement remplacée par l'acquiescement. Il n'y avait aucune torture, taxes ou abeilles tueuses en colère, et le destin de l'intellectualisme allemand fut scellé treize ans plus tard dans les soumissions et courbettes avides devant Adolph Hitler.

Domination et Légitimité

Tandis que Weber s'empresse de souligner que la domination n'utilise pas toujours ouvertement la richesse comme un moyen pour se maintenir, elle possède une méthode plus indirecte : « ...c'est juste ce qui arrive d'une façon ou d'une autre, et souvent à un tel point que le mode d'application des moyens économiques dans le but de maintenir la domination, à son tour, exerce une influence déterminante sur la structure de la domination. »[7]

C'est peut-être que l'affrontement entre la légitimité et la domination s'exerce dans le drame actuel d'avant en arrière entre les dispensaires de marijuana et la loi où les dispensaires payent des impôts au gouvernement qui les

---

[7] Max Weber. *Economy and Society*, page 942

ferme. Les deux parties affirment une légitimité rationnelle.

« Tant dans les administrations notables que bureaucratiques, la structure du pouvoir étatique a beaucoup influencé la culture... de la justice à l'éducation... les demandes sur la culture, à leur tour, sont déterminées, jusqu'à une mesure variable, par la prospérité croissante des couches les plus influentes dans l'État. » [8]

Un autre exemple est l'impact de l'augmentation des frais de scolarité des étudiants universitaires en période de récession économique ou la suppression ou diminution des régimes de subvention. Le résultat indirect de ceci est qu'une différence d'accès aux études supérieures est créée, empêchant ainsi une plus grande partie du prolétariat de parvenir à une domination intellectuelle par rapport aux plus économiquement privilégiés. Cela permet de maintenir un statu quo particulier à un ère où on peut bien faire valoir qu'un prolétariat plus familier avec l'impact des contraintes financières sur l'humanité pourrait être mieux capable de faire face aux problèmes sociaux. En raison de leur proximité et familiarité, les prolétariats, contrairement aux hôtes de la tour d'ivoire, sont mieux placés pour la résolution des problèmes. Ceci réaffirme l'assertion de Rousseau déclarant que les humains ont la possibilité de créer des environnements contraires à leur propre intérêt.

[8] Gerth & Mills. *De Max Weber*, page 212.

La structure de la domination est alors considérée comme le moyen traditionnel de créer l'élite intellectuelle.

Le Monopole des Biens et Services peut conduire à

< La Domination >

Peut conduire à l'autorité, au commandement et au service.

L'un peut conduire à l'autre. Un monopole sur les armes, les drogues ou l'or ou un monopole sur l'autorité, le commandement et le service peut conduire à la domination. Pensez au Colonel Oliver North, les Contras, la cocaïne, Ronald Reagan et une guerre non approuvée par le Sénat. Des articles sur le marché peuvent placer leur fournisseur en une position dominante d'autorité. D'autres peuvent suivre les ordres par intérêt personnel ou auto-survie. Nous le voyons dans le Triangle d'Or de Thaïlande tant dans les cartels de cocaïne en Amérique du Sud. Dans les deux cas, le monopole de la drogue a conduit à la participation directe des barons de la drogue en situation d'autorité légitime et illégitime concernant le gouvernement, ses sujets, l'armée et la sphère des voisins étrangers.

La domination est définie par Weber comme « **Le commandement du gouverneur sera obéi, pour son propre bien, par le gouvernée** » [9] C'est de l'empathie, de l'inspiration, de la persuasion ou une certaine combinaison de normes valides.

La Domination en Suspension

C'est un point particulier dans le temps où il existe des sanctions, des punitions, des ordres et de l'activité, mais leur source est non spécifique. Personne ne sait qui est le patron, mais tout de même le sous-produit est celui des employés ou citoyens permanents qui sentent la peine des sanctions, même accidentellement. Un exemple de ceci serait le gel inattendu du compte bancaire d'une l'entreprise. Les salaires des employés et des créanciers pourraient rebondir. Les comptes et les notations de crédit pourrait être affectés. Les créanciers chirographaires sont douloureusement surpris. Durant une situation pareille, il est difficile de savoir qui est patron ou comment réparer les chèques, mais la douleur est ressentie. Le programme d'épargne-salaire Phoenix 2016 utilisé à Ottawa a eu des problèmes causant la suspension des salaires de presque 80 000 employés de la fonction publique. Des milliers n'ont pas été payés pendant plusieurs mois. Anxiété et douleur financières étaient ressenties par les acteurs sociaux quand bien même c'était involontaire et il ne semblait pas y avoir un seul méchant mais plutôt un programme informatique mal interprété.

---

[9] Op. cit., page 946

Un autre exemple de domination en suspension pourrait être un modèle de vol mystérieux. Mi-octobre 1992, le bureau du siège social du Nouveau Parti Démocratique à Montréal a été cambriolé et leur disque dur informatique a été volé. Les disques durs ont tendance à contenir des fichiers et des listes. Plus tard, le 4 décembre 1992, l'Institut Simone de Beauvoir à l'Université Concordia a subi un vol similaire, ainsi que son aumônerie et ses premières nations Concordia. Trois jours plus tard, la même chose s'est passé au disque dur de partage par l'Association Estudiantine Employee's Union de l'Université Concordia à la Banque d'emplois CUSA au Hall building (Tous à Montréal.) Tous ces groupes suivent le même modèle selon lequel ils peuvent être étiquetés légèrement à gauche dans leur politique. Quel que soit le motif, on ne connaît pas la source de l'activité dominante et un segment de la population est puni.

La Dissolution de la Domination Manifeste dans une Démocratie avec Plusieurs Enjeux Industriels

La marche vers l'équilibre peut être considérée comme une diminution de la domination concernant une relation sociale générale ou spécifique. Il existe deux exemples pertinents et clairs dans les plus récentes *Propositions constitutionnelles canadiennes Beaudoin/Dobbie* :

Le Rapport du Comité Conjoint Spécial sur un Canada Renouvelé Sen Beaudoin, Dobbie M.P., February 28, 1992 Canada Communications Group :

« Nous recommandons ;

1) **Pour protéger les droits ancestraux et conventionnels que garantit la Constitution aux autochtones du Canada, que tout amendement à la Constitution du Canada qui touchent directement les autochtones exige le consentement des autochtones du Canada avant sa mise en œuvre ;**

2) **Que les représentants des autochtones du Canada soient invités à toutes les futures conférences constitutionnelles concernant les matières arbitrées au paragraphe 1. »** [10]

L'intention ou la proposition (légale-rationnelle) est de passer de la Loi sur les Indiens de 1867, dominante et répressive, qui prévoit une dérogation et restreint la participation des autochtones à la vie et au droit à celui qui exige leur représentation de la vie et du droit de travailler du Canada. La domination de la loi canadienne n'est pas supprimée mais, certains diraient, la morsure disparaîtrait par un consentement mutuel.

Un second exemple de la diminution de la dissolution de la domination est l'inclusion du Droit à la Vie Privée, qui n'existe pas dans la précédente recommandation. **« Dans une société où la surveillance a augmenté, le droit à la vie privée deviendra encore plus important. »** [11]

---

[10] *Constitutional Proposals*, Beaudoin Report, p. 32
[11] Ibid., p. 37

La réduction de la domination par des instruments juridiques licites peut se faire par consentement mutuel et n'est en aucun cas un exemple d'acquiescement passif comme la question est traitée de manière ouverte.

Cela nous amène alors à une discussion sur la réduction de la domination par des instruments légaux illicites. Je dirais que la guérilla, les révoltes paysannes et la résistance des autochtones à l'impérialisme est licite lorsque ça a pour objectif la réduction de la répression et que ça porte le soutien populaire ou la bénédiction des masses.

Je vais placer ici la dénonciation et la fuite comme une forme de comportement illégal et lorsqu'elles cherchent à prendre d'assaut un groupe dominant juridique et rationnel, elles sont considérées comme une forme de comportement de guérilla. Edward Snowdon et Julian Assange montrent cette caractéristique des guérilleros post-modernes à l'aide des fuites et des USB comme armes.

« Plus une organisation est secrète ou injuste, plus les fuites induisent la peur et la paranoïa dans son cercle de leadership et de planification. Ceci doit déboucher sur la minimisation des mécanismes de communications internes efficaces (une augmentation en « impôt secret » cognitif) et le déclin cognitif systémique conséquent, résultant en une diminution de la capacité à conserver le pouvoir comme l'environnement exige l'adaptation.

Donc dans un monde où la fuite est facile, les systèmes secrets ou injustes sont de façon non linéaire frappé par rapport à l'ouverture de systèmes justes. Puisque les systèmes injustes, par leur nature induisent les opposants et dans beaucoup d'endroits prennent à peine le dessus, les fuites massives les laissent délicieusement vulnérables à ceux qui cherchent à les remplacer par des formes de gouvernance plus ouvertes. » [12]

Le terrorisme, en revanche, est un instrument illicite à cause de sa prétention que les masses seront tenues responsables de la répression et devient donc une cible.

La Coercition Psychique et le Terrorisme comme une Forme et Réaction à la Domination

Le terrorisme comme une agression nue contre un peuple involontaire, est une forme de coercition. La coercition dans ce cas, bien que brutale et physique dans

---

[12] Julian Assange, Sun 31 Dec 2006: *The non linear effects of leaks on unjust systems of governance*. Archive web.

sa forme, se manifeste psychiquement dans la réalité. Son intention est de changer le système de croyances prédominantes, au moyen d'une exploitation rationnelle de la citoyenneté en un autre plus tolérable par l'armée rebelle. Le terrorisme est une forme particulière de coercition qui vit dans le souffle des nouveaux paradigmes qui cherchent à faire éclater la bulle anomique.

La guérilla, qu'elle soit urbaine ou rurale, et le terrorisme peuvent chercher la réduction de la domination par l'utilisation d'instruments illégaux et sont souvent en opposition directe à l'État comme le seul détenteur de « l'utilisation légitime de la violence ».

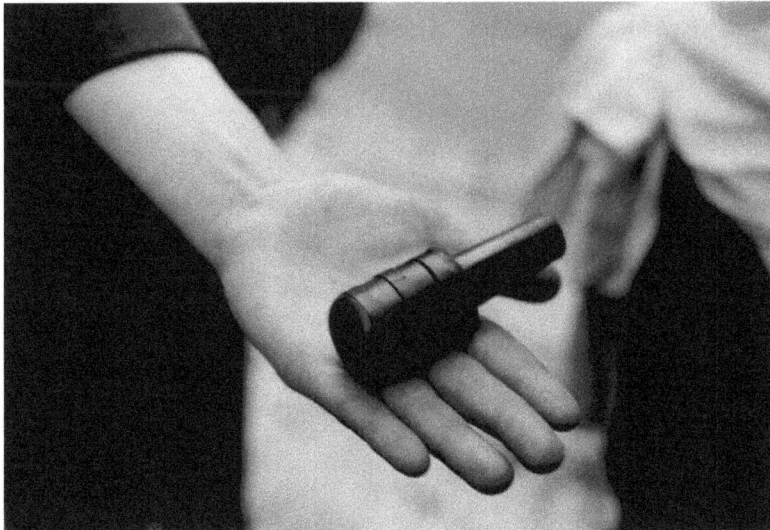

Les Outils de la Domination

Dans les observations de Weber sur « *La Démocratisation et la Démagogie* » [13], il cite plusieurs assertions qui sont importantes tant aux outils sociologiques de la domination qu'au procédé de nettoyage qui peut faire partie de la démagogie.

Tout d'abord, Weber illustre que la promotion d'un acteur de subordonné à surordonné sera souvent accompagnée par « un profond scepticisme » quant aux fins et moyens du promu. Deuxièmement, il souligne qu'une élévation au pouvoir publique, sans doute dans l'arène politique, peut entraîner une exposition « **...à l'examen publique par le biais de la critique des adversaires et des concurrents** » [14]

[Note de mise en garde : Lorsqu'il existe un lien entre l'exposition, les exposés et la propriété des moyens de production d'exposition, le lecteur doit maintenir un sens de scepticisme.]

Cette lutte, cette domination politique pour des intérêts particuliers, Weber sent qu'elles peuvent généralement être « mieux réalisées par le 'métier de la démagogie' tant calomnié que par l'« **mieux réalisées par le 'métier de la démagogie' tant calomnié que par l'employé de bureau** » [15], et la démagogie peut

---

[13] 11 Max Weber, *Economy and Society*, p. 1450
[14] Ibid

chercher à dominer à travers des outils: « **Ils utilisent discours, télégrammes et dispositifs de propagande de toutes sortes pour la promotion de leur prestige ; Nul ne peut dire que ce genre de propagande politique s'est révélée moins dangereux pour l'intérêt national que la démagogie la plus passionnée au moment des élections. »** [16]

La prise de conscience de la domination n'est pas nécessaire et est généralement supprimée ou manipulée dans l'esprit de la fausse conscience. Il s'agit du manteau de domination de *L'ombre* ayant le pouvoir d'obscurcir l'esprit des hommes.

La Censure : Un Outil de Domination

« **Le roi contrôle le discours ainsi que l'action. La guerre est toujours accompagnée par la censure, et les gens sont contrôlés plus facilement dans l'isolement. Le Censeur nous empêche de tendre la main, de faire des connexions. »** [17]

La censure est bien présente ici chez nous. Constatez l'interdiction de la publication du 6 décembre 1992 de « Boys of St. Vincent » de la CBC avec une détention des projections à Montréal et Ontario ne permettant la distribution que la semaine suivante.

---

[15] Ibid

[16] Ibid., p. 1451

[17] 15 Starhawk. *Truth or Dare: Encounters With Power, Authority, and Mastery* (San Francisco, Harper & Row, 1990), p. 177

La censure quant à la pensée et l'expression est certainement aussi ancienne que la liberté qu'elle tend à restreindre. La colonne des Renseignements Étrangers du London Chronicle révèle un bel exemple de censure sévère :

« L'Assemblée Nationale ayant envoyé en Allemagne beaucoup de membres de la congrégation de ladite Propagande, pour y diffuser des principes démocratiques, principes qui ne peuvent pas s'assimiler avec la constitution de l'empire, une loi rigoureuse doit s'établir, ordonnant que tout français ou allemand qui professe ces principes que ce soit en public ou en privé, sera puni de mort. » [18]

Ainsi la censure peut être apparemment triviale ou maladroite. Une censure libre peut permettre à un journaliste de guerre de se promener librement comme dans la guerre du Vietnam ou au contraire, plus sagement, contrôler plus ses mouvements en l'intégrant aux troupes d'accueil.

L'absence de censure ou le refus de censure peut engendrer des représailles consistant en amendes, emprisonnement, perte de licence d'impression peut-être, ou une menace juridique de diffamation pour toute publication nationale osant imprimer des mots incommodes. L'absence de censure peut aussi provoquer des défaites. Les plans secrets des guerres et

---

[18] *The London Chronicle*, July 5-7, 1791, p. 17

des amoureux sont parfois bouleversés par des propos inconsidérés et la découverte accidentelle de documents qu'aurait empêché la censure.

Un défaut de censure d'une conversation autour d'un dîner - l'autocensure. C'était une règle commune que l'on ne discutait pas de sexe, de religion ou de politique sauf si l'on était prêt à affronter les sanctions ou la menace de sanctions telles que le départ anticipé, le renvoi, de mauvais regards ou une incapacité dans le futur de faire le top-liste de fête. Il s'agit de la domination d'un courant ou d'un vent social prévalent soutenu par l'école, l'église, l'employeur, les médias, nous-mêmes et une multitude de nuances sociales qui empêchent le citoyen de s'auto-examiner en explorant des idées sociales, politiques et religieuses qui font partie des fondements de la sociologie.

Le savoir peut devenir une force qui résiste à la domination. Donc la domination d'une croyance ou d'une idéologie peut lutter en faveur de l'ignorance ou de la fausse conscience en utilisant l'outil de censure. Le savoir idéal aura du mal à restreindre la censure. Alors la fuite d'informations peut-elle être un outil qui résiste à la domination ?

L'objectif de désinformation, d'ignorance et du maintien de la fausse conscience aux fins de la domination est admirablement illustré par la décision de 1992 du Tribunal International des Crimes de Guerre.

Ce tribunal basé à New York, en utilisant comme référence des traités sur le droit, la Convention de Genève, les procès de Nuremberg et la Charte des Nations Unies, a déclaré le Président George Bush coupable de crimes de guerre. Les justiciers mondiaux de l'ONU feront-ils quelque chose à cet égard ?

Cette histoire notable, cependant, n'a pas été reportée par les médias américains quand bien même ou à cause que : **« C'est la première fois qu'un tribunal a inculpé les vainqueurs militaires avec des crimes de guerre alors qu'il est toujours au pouvoir... »** [19]

Des implications négatives d'ordre morale ou éthique d'une récente guerre ou érosion de foi chez un leader national pourrait avoir des conséquences négatives sur la domination de l'État, dans la mesure où il existe une menace à une croyance actuelle nourrie et un refus de choisir invétéré. Par conséquent, la rationalisation, la minimisation, l'instauration de la confiance ou fournir une « absence d'informations » serviraient au mieux le statu quo par le maintien de l'ignorance des masses.

L'a été également essayé par Hydro-Québec pour tenter de supprimer les contrats de fonderie

---

[19] *The Montreal Mirror*, 26 mars 1992

d'aluminium en obtenant un bâillon afin de contraindre le regard attentif de la presse canadienne. Cela a fait long feu comme les médias furent contraints d'obéir à l'ordre et le public était influencé dans vers des sentiments anti-Hydro Québec et anti-état par « l'accord secret » entre les préoccupations publiques et privées compliquées par le recours au tribunal. Par la suite, « l'accord secret » éclatera au grand jour par la presse australienne.

Thomas Mann parle de l'objectif de l'éducation sous le régime Nazi :

« Le résultat est que l'éducation n'est jamais en soi ; son contenu n'est jamais limité à la formation, la culture, le savoir, la poursuite des progrès de l'humanité par l'enseignement. Au lieu de cela, elle avait une référence unique, souvent avec des conséquences violentes, à l'idée fixe de la prééminence nationale et l'état de préparation à la guerre. » [20]

« Les êtres humains – les allemands l'ont prouvé durant la guerre – peuvent devenir accoutumés à presque n'importe quoi s'ils sont amenés à croire sa nécessité. » [21]

Cette « conquête de l'ennemi intérieur » que Mann décrit avec justesse est bien documentée ailleurs et se fait par le biais de la coercition physique et

---

[20] Erika Mann. *School for Barbarians: Education Under the Nazis* (London, Lindsay Drummond Ltd., 1939) p. IX

[21] Ibid., p. 29

psychologique, couplée avec le désir d'obéir à ses propres récompenses et à la menace de sanctions pour avoir désobéi.

Erika Mann affirme : « **La République allemande a refusé d'influencer ses citoyens d'une façon ou d'une autre, ou de les convaincre des avantages de la démagogie ; Elle n'a pas exploité l'anti-propagande en sa propre faveur.** [22] Cela a pu être un exemple de la « neutralité éthique » dont parlait Weber en 1917 dans « *The Academic Calling in Imperial Germany* » où il fait valoir, si je lis bien entre les lignes, qu'il y a ceux qui s'opposeraient à la prise de position politique de l'université fondée sur la neutralité éthique. Ces opposants croient qu'une position politique discréditerait les débats culturels et sociaux qui ont lieu tous les deux dans un amphithéâtre loin de l'Université.[23]

Dans *'Science as A Vocation'* Weber avertit de soulever des sujets politique en classe. Il n'y a aucune contradiction ici entre Weber et ma propre polémique. La différence entre la politique en classe et à l'Université dans son ensemble engageant le débat public sur des problématiques cruciales, c'est juste que... public. Cela s'apparente au personnel public et privé et sont de déclaration. Si l'Université participe au débat extérieur, elle est sujette à la recherche, au scepticisme et à l'agitation qui oriente tous les autres intervenants et

---

[22] Ibid., p. 37
[23] *Max Weber sur les Universités*. p.51

acteurs sociaux. C'est au-delà de la recherche -et non en conflit avec- qui se déroule dans l'amphithéâtre ou salle de classe privés où la rationalité est explorée et définie avec divers degrés de certitude et de clarté. La direction est la clé ici.

L'Université peut contester la ville et le professeur peut contester l'étudiant. Le problème est également présent : l'inverse peut-il être possible et qu'est-il arrivé aux uns ou autres ensembles de circonstances ? Dr. Timothy Leary a contesté Harvard (l'établissement) dans le début des années 1960 et fut humilié et déshonoré. À l'été 1992, Claude Morin a admis qu'il était une taupe (nom de code - French Minuet) aidant la GRC en rendant les noms d'étudiants de gauche pendant les années 1950 et 1960 alors qu'il était professeur à l'Université Laval. Aucun professeur au Canada n'a osé critiquer publiquement ce comportement.

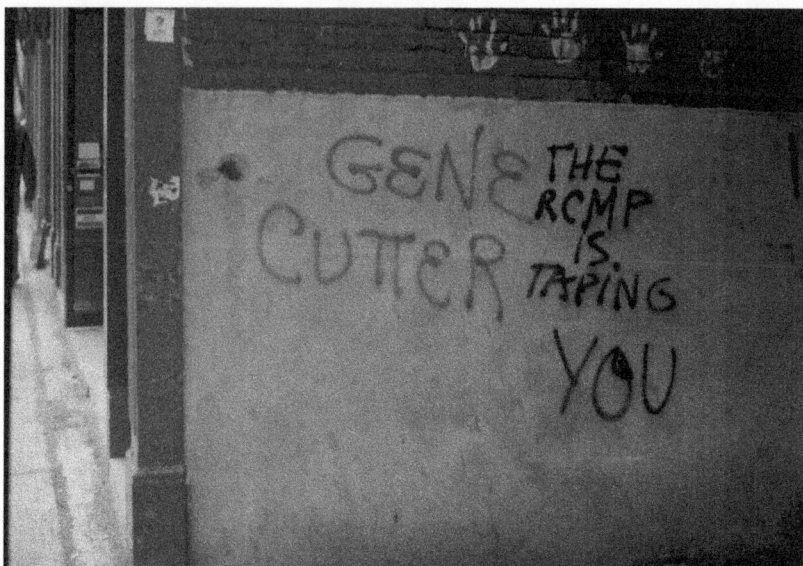

« ...Le point de vue de Max Weber disant que le professeur doit, s'il désire, exprimer ses opinions sur l'autorité et les politiques qu'elles devrait suivre, prend lui-même la responsabilité de le faire et ne permet pas que cela apparaisse incontestablement « donné » par les « faits » et se trouve donc en dehors de sa propre responsabilité morale. » [24]

Selon moi, l'essentiel ici est que l'on ne doit pas abdiquer son pouvoir pour le soi, la moralité ou l'éducation à autrui. Il faut être conscient du phénomène particulier du rôle de l'État et de l'Université dans la quête de la vérité et du savoir, surtout si ce savoir prévoit de s'aventurer dans une voie particulière de remise en question ou d'action. C'est là que réside un jeu de domination particulier où rares sont privés et peu est écrit.

---

[24] Ibid., p. 2

Il faudrait être myope comme une taupe pour ne pas comprendre qu'en 1991, le Canada « Post-Oka »[25] était dans un état de crises économiques et constitutionnelles, accompagnées d'un gouvernement impopulaire et une menace de la séparation du Québec. Faute d'un meilleur terme, c'est un gâchis et nous devons examiner quels outils, institutions, croyances et idéologies sont à portée de main pour réduire la tension et les conflits. Nous devons alors faire des choix et ne pas nous réduire à respecter les *Robert's Rules of Order* de la façon dont une autre génération a brandi le « petit livre rouge » de Mao Tsé-Toung. Une procédure orientée sans contenu, l'autre, tout le contenu sans procédure.

Les Outils de Lutte pour la Domination par les Rebelles Nationaux

---

[25] See Kanehsatake 270 Years of Resistance, Alanis Obomsawin, National Film Board

La domination nationale est assumée par l'État. Là où la domination de l'État est contestée, c'est soit par des groupes nationaux ou étrangers. Je vais traiter essentiellement la domination dans ses relations avec les groupes nationaux.

L'État est la seule source légitime de violence. Cette violence sert à punir, menacer et sert d'avertissement aux autres. Lorsque les groupes nationaux recourent à la violence nous dirons qu'il existe trois types : Guérillero, Terroriste et Gangster/Bandit.

Les groupes de guérilla et de terrorisme découlent tous les deux d'une idéologie politique ou d'une façon de défendre un groupe social. Ce comportement est de la politique sur un autre niveau. Ils se distinguent entre eux par leur manière de traiter les masses. Le guérillero a tendance à minimiser les pertes civiles et se penche vers la perturbation des mécanismes de l'État et des cibles militaires.

Le terroriste, en bref, peut avoir les mêmes objectifs que le guérillero, mais croit que les masses sont coupables d'une acceptation passive et d'une complicité avec l'État et donc, elles aussi, deviennent des cibles de la terreur.

Le gangster/racketteur/bandit est du type égoïste idéal qui peut recourir à la violence pour augmenter les gains financiers personnels ou familiaux. Aussi significatif qu'est cet intérêt, je traiterai les deux autres.

En fin de compte, l'échec ou la réussite des rebelles réside dans leur capacité à gagner et maintenir le soutien populaire de masse. Cela devient une lutte pour la domination de l'esprit humain. La propagande la plus efficace est gagnante. Il existe deux sortes de propagande : Agitée et Armée. Le démagogue, dictateur, combattant de la liberté peut avoir tendance à dominer sur l'un ou les deux fronts. La domination des deux est décisive.

Parmi les textes de Marighella classiques de la guérilla urbaine, il y a un seul type de discipline appliqué par l'exécutif lorsqu'il s'agit d'espions et de responsables de l'opposition, mais il y a peu, en dehors du rôle de la propagande de libération, dans les manuels de l'insurrection pour régler un éventuel problème significatif tel que décrit par Gann : « **Nombreux défenseurs de la guérilla urbaine ont mis une confiance particulière dans une alliance armée entre intellectuels marginaux et hommes marginaux des bidonvilles. Ils négligent, cependant, l'extrême difficulté de faire respecter la discipline chez les deux groupes qui, par leur nature même, résistent à la discipline dans ses diverses formes.** » [26]

Les analystes de contre-insurrection semblent convenir que, si la guérilla ou les groupes terroristes sont des mouvements de libération, des anti-impérialistes dans les pays non démocratiques, ou des anti-impérialistes dans les comtés industriels démocratiques, cette incapacité à gagner le soutien commun ou le soutien massif surestimé est une principale cause d'échec où les groupes rebelles échouent et leur fréquence quant à cela est élevée.

Si Max Weber avait eu l'occasion de converser avec Marshall McLuhan, ils auraient pu trouver les ingrédients d'une bonne théorie qui s'insère entre ce que Weber pense être la chute du système universitaire allemand et le système de communications auquel pensait McLuhan en respectant la domination de la culture nord-américaine contemporaine.

---

[26] Lewis H. Gann. *Guerrillas in History*, p. 81

Le visage et la présence de l'unité des communications médias modernes (NBC, CBC, Disney, Hollywood, the Star System, les monopoles proches de Southam, Thompson & Black) était sans aucun doute un des « génies charismatiques ». La proximité des « leaders politiques » aux moyens de production et de distribution du « message » a bien été démontrée par l'acquiescement avide de la presse à accepter la censure pendant la guerre avec l'Irak en 1991.

Weber dit qu'un « sentiment d'estime de soi civile » et un « sens de la responsabilité pour ses propres actions » ont un impact sur « l'inclinaison » à maintenir son indépendance, qui est une résistance face à un certain message.

Une résistance à toute croyance, découlant d'un message, peut-être parmi plusieurs types idéaux : Propagande d'agitation (message), propagande armée ; Propagande sans agitation mais armée (« bombarder maintenant, régner plus tard ») ; Aucune résistance sur tous les niveaux ; Propagande agitée, non armée.

Le calendrier de ces événements est évidemment important pour l'issue de l'événement et chaque entité impliquée aura les mêmes options et cela devient alors l'arène principale où la domination est contestée ou non. Je pense que j'aurais tendance à mettre les négociations portant sur les « menaces » de la violence et la violence dans la même catégorie.

Tout le monde utilise les mêmes outils pour des fins plus ou moins grandes. Évaluer la situation correctement fait pencher la balance d'une façon ou d'une autre. La domination réside, dans ce sens, dans le savoir.

Gérard Chaliand, Malcolm X et Max Weber, selon moi, seraient d'accord que le terrorisme et la guérilla sont légitimes sur cette base :

« À moins que l'on condamne toute forme de violence...Le terrorisme est toujours justifié comme dernier recours. Face à l'État sud-africain, par exemple, quel plan d'action possible existe-il autre qu'une combinaison de combat politique (manifestations, boycotts, sabotage, violence, etc.) et le terrorisme ? En outre, l'Afrique du Sud elle-même est à peine en apposition à condamner le terrorisme de l'ANC quand sa propre police torture systématiquement tous les suspects. » [27]

Manque de Résistance à la Domination

« Malcolm X est purement l'incarnation de cette intuition, au bord du désespoir, que tout est inutile ; la révolte est d'abord la reconnaissance d'une situation impossible. » [28] Cela aussi, je suppose, est une domination en suspension.

Peu importe comment on l'interprète, une résistance plus faible est un élément nécessaire pour une domination réussie. Le pacifisme peut être une forme de résistance aussi significative que n'importe quelle autre, mais n'offrir « aucune idée » peut être un sous vide nihiliste puissamment fort qui absorbera la croyance la plus absurde pour n'en vouloir aucune. Laissez quelqu'un d'autre penser pour vous, peut-être. Je dirais qu'il n'y a

---

[27] Gerard Chaliand, *Terrorism: From Popular Struggle to Media Spectacle* (London: Atlantic Highlands, N.J. Saqi Boos, 1987), p. 122
[28] Albert Memmi. *Dominated Men: Notes Towards a Portrait* (Boston, Beacon Press, 1968), p. 15

aucune stase, aucune neutralité éthique possible face à la domination - on y va ou on n'y va pas parce qu'il y a toujours une action sociale impliquée.

Le livre d'Erika Mann expose certaines des méthodes de domination des idéaux nazis, par le biais du racisme, des activités physiquement épuisantes, la surveillance, l'éducation systématique, l'ignorance et la punition pour les adversaires. Aucun blâme n'est attaché à ceux qui furent écrasés sous cette grande muraille, mais le mythe de la « neutralité éthique » n'était sûrement pas le socle le plus sûr pour que le système éducatif allemand du début des années 1930 se cache derrière. Maintenant, dans cette époque concernant les connaissances de l'homme et sa prise de conscience, en dépit de l'influence de Hegel (re. Devoir, Moralité, Valeur), la croyance en l'objectivité et l'absence d'éthique est une croyance arrogante, supposant une connaissance du droit dans un monde tellement rempli de mal.

Deuxième Collation (pour le brave et l'audacieux)

L'inclusion d'une définition irrationnelle de la domination est intéressante en raison de sa proximité et similitude au rationnel. Starhawk, une sorcière blanche et féministe qui défend la légitimité des sorts et de la magie, est bien placée pour offrir une explication irrationnelle. Stanley Milgram, Michel Foucault, Sigmund Freud, Max Weber et Bill Moyers occupent tous des positons dans la base de son argumentation et sa prise de conscience, ainsi que sa dépendance sur la magicification, je crois qu'il faut permettre à son travail d'être reconnu.

« Le pouvoir marche un peu comme la sorcellerie : il nous jette un sort. Il change notre conscience, embrouille notre vision afin qu'on ne remarque pas son activité. C'est le magicien qui nous distrait avec un lapin alors qu'il coupe la femme en deux. » [29]

Souvent, les outils de domination servent à avancer, promouvoir et améliorer le comportement dominant. Le comportement dominant peut-être composé des plus ineffables cruautés d'Artaud, ou encore être déguisé en personnage de dessin animé, une chanson populaire ou un château magique. C'est ça la magie dont parle Starhawk, le tour de passe-passe du démagogue. Dans certains cas, c'est un réseau magnifiquement conçu des systèmes de croyance qui existe sous forme de mérite à la puissance du savoir, comme imputé par les premiers positivistes St. Simon et Comte, qui, comme Einstein, ne savaient pas la fréquence et l'échelle auxquelles les idées seraient l'objet d'abus pathologique.

« Dans la culture de la domination, nous sommes possédés sans le savoir et sans connaître des techniques pour nous libérer. » [30] C'est la possession qui tomba sur l'Allemagne de Mann (peut-être, la « Cage de Fer »), si complète qu'il a fallu des organismes externes pour libérer la population du sort et

---

[29] Starhawk. *Truth or Dare*, p. 95
[30] Ibid., p. 96

l'on peut même débattre de l'efficacité de cette libération.

Un groupe politique appelé Consolidated (un groupe d'artistes contemporains) affirme que l'Amérique est une source de domination extrême. Ils ont utilisé pour décrire cette forme de domination le terme « Fascisme à visage humain ». Il est composé de grands intérêts gouvernementaux et commerciaux utilisant des méthodes de technologie de pointe et de culture populaire pour imposer la domination.

Ailleurs, j'ai mentionné que l'un des éléments nécessaires pour le fonctionnement de la domination est un manque de résistance. Encore une fois, l'affirmation d'une école émergente de récents théoriciens qui s'appuient souvent sur des travaux provenant de Noam Chomsky est un aspect de cette résistance, par exemple, la musique populaire, elle a été cooptée et achetée purement et simplement par les positivistes.

.

« Ils ont les meilleures apparences ; des politiciens, des célébrités et des mécanismes de contrôle que l'argent peut acheter... Nos goûts sont devenus tellement standardisés et contrôlés que nous ne faisons plus aucun choix pour nous-mêmes, l'Industrie Culturelle fait tout cela pour nous. Nous sommes devenus une nation de consommateurs suivant le courant aveuglément et s'accrochant à des termes dénués de sens comme alternative, progressive, rap, house, techno. On nous a promis la libération mais tout ce qu'on nous donne est de la distraction. » [31]

L'essentiel de base du raisonnement est que les principaux intérêts économiques, politiques et sociaux visent la destruction, en utilisant toutes les méthodes d'éducation, de propagande et de force (où l'on a estimé la non-violence d'être insuffisante) pour aliéner, absorber et maintenir la domination.

Je crois que la domination a plus de chance de gouverner si le taux d'aliénation humaine est élevé. L'aliénation de l'homme occidental peut être mesurée par la consommation de drogue, la violence domestique, la psychose, les scientifiques psychologiquement malsains, le crime pathologique, etc. Il existe de nombreux indicateurs d'aliénation humaine, et il me semble que la domination augmente proportionnellement au niveau de l'aliénation humaine.

---

[31] Consolidated a late 1980's early 1990's band, circulated pamphlet.

Finalement, la culture moderne ou post-moderne peut avoir préséance sur la culture traditionnelle. Je soutiens que c'est déjà arrivé en Amérique du Nord chez la culture dominante des blancs et, dans une moindre mesure, les peuples de la Première Nation.

La télévision, McDonald's, Disneyland et les Oscars ont supplanté la culture traditionnelle. La preuve de ceci réside dans l'assemblée de l'Alliance nord-américaine pour l'eau et l'énergie (NAWAPA) avec les Cris de la Baie-James. Selon moi, il est juste de dire que les Cris du Nord du Québec habitent plus près de la tradition en raison de leur dépendance personnelle plus étroite de la chasse, la pêche et une spiritualité basée sur vivre dans le présent, plutôt que de fuir l'existence comme le font les religions dans un « autre monde ». Jusqu'aux années 1970, il y avait une faible incidence de la radio, la télévision et le téléphone, sans oublier l'homme moderne, dans la région. Comment les téléphones portables et internet peuvent affecter la culture jamésienne reste à voir.

Quand les développeurs de Hydro and Power ont proposé de faire un grand changement sur la vie des autochtones en construisant la Baie-James II, ils rencontrèrent une résistance centrée sur la culture, de la construction « ...les classes n'agissent pas dans l'histoire jusqu'à ce qu'ils soient armés par la culture, comme la culture s'exprime normalement en fixant les conditions du conflit de classe. La résistance à l'oppression, comme l'oppression elle-même, est invariablement l'union de d'intérêt de la classe à la justification culturelle. » [32]

Une partie de la difficulté ici est l'aliénation propre de l'humanité occidentale de la culture traditionnelle, c'est-à-dire les racines ou, de façon discutable, l'état de nature. Les banquiers modernes, comme leurs ancêtres, n'apprécient pas ce que racontent les Cris. L'aliéniste pourrait penser, « Tous le hocus-pocus sur l'esprit de la mère-terre, des rennes et de l'herbe douce en feu. Ces primitifs partent toujours aux étuves alors que l'homme moderne chercherait fraternité et conseils dans un bar sombre chez des étrangers qui ne s'y intéresseraient plus dès que les stimulants et antidépresseurs arrêtent de circuler dans leurs veines ».

Lorsque les Cris ont refusé la domination de la technologie dans la Baie-James avec les projets Hydro, ils furent ensuite soumis à la « *discipline industrielle* » [33] devant les tribunaux, médias et en créant des factions rivales internes.

---

[32] Frederique Apffel Marglin & Stephen A. Marglin. *Dominating Knowledge* (Oxford, Clarendon Press; New York, Oxford University Press, 1990), p. 225
[33] Ibid., p. 54

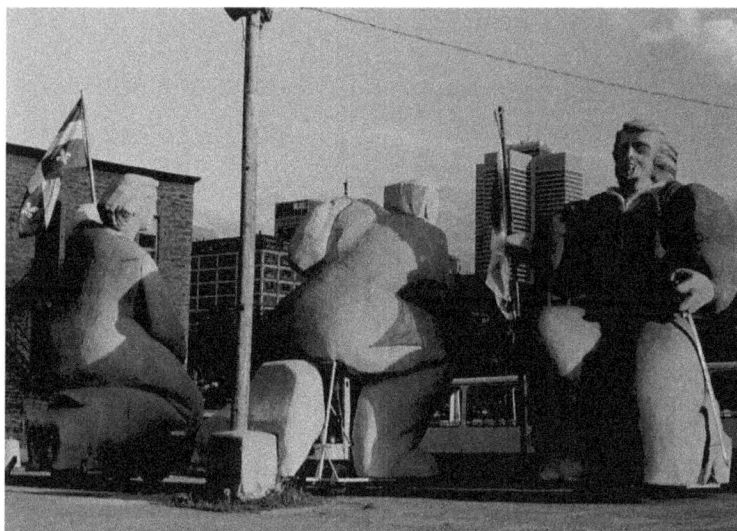

Foucault décrit une prison moderne : « Chaque individu, dans son endroit, est solidement confiné dans une cellule d'où il est vu de face par un superviseur ; mais les murs latéraux l'empêchent d'entrer en contact avec ses compagnons. Il est vu, mais il ne voit pas ; Il est l'objet de l'information, mais jamais un sujet dans la communication. La surveillance la plus efficace n'est pas vérifiable : Le détenu ne doit jamais savoir s'il est observé à n'importe quel moment ; mais il doit être sûr qu'il peut toujours l'être. » [34]

La surveillance, ainsi, est aussi un outil de domination (Notez le libellé de la Loi de protection des renseignements personnels dans les propositions constitutionnelles) et peut inclure l'autosurveillance ; par exemple, quand on compare sa vie aux vies sur les publicités, les sitcoms ou les séries télévisées. Les publicités peuvent être mises en place pour vous

---

[34] Starhawk. *Truth or Dare*, p. 119

persuader de vos pellicules et odeurs. Les gens parlent-ils de votre teint ? Avez-vous autant de succès que le hippie qui emmène son père à un déjeuner de 50,00 $? Comment cela vous fait sentir ? Quand nous comparons nos souhaits, besoins, désirs et formes physiques à ceux des gens sur les publicités commerciales, nous nous livrons à une forme d'autosurveillance. Et les peines, franchement, menacent de nous envoyer en enfer. Les spectacles, les programmes ou les films que nous regardons diffèrent-ils tant que ça d'une publicité ? Être conscient de la surveillance influence-t-il le comportement des voleurs à l'étalage ou empêche-t-il les crimes ?

C'est magique à quel point nous sommes proches de la conformité et à quel point nous désirons se conformer à des règles abstraites et apparemment invisibles qui ne peuvent pas être, pour l'instant, évaluées et mesurées à un niveau empirique. « **La magie noire de la domination se fait avec des miroirs. Ce qui n'est pas reflété en nous, ce qui n'est pas vu, tend à disparaître.** » [35]

Banuri fait allusion à cet intérêt croissant à l'irrationnel dans son article sur le *Développement et Les Politiques du Savoir : Une interprétation critique du Rôle Social des Théories de la Modernisation dans le Développement du Tiers-Monde.* Il décrit plusieurs raisons derrière la perte

---

[35] Ibid., p. 120

de foi ou l'échec de croire en le « West Is Best » parmi les nations sous-développées. L'une d'entre elles est la suivante : « **La flambée de la course irrationnelle à l'armement entre les deux superpuissances et l'intensification accompagnatrice de la rhétorique belliqueuse, malgré la résistance populaire généralisée ont créé des doutes quant à la capacité du modèle rationnel [occidental] même pour assurer la survie de l'espèce.** » [36] Si cette façon de penser est devenue banalisée, elle permettrait à la magie de refaire surface dans le monde.

« **Souvent, cependant, le maintien des paradigmes est assuré par les efforts de « maintien de l'ordre » de l'orthodoxie, grâce à laquelle l'innovation peut finalement être incorporée à d'anciens paradigmes.** » [37]

Si le système de jury est en soi une forme de magie, parce que l'idée que l'accord parmi 12 homologues détermine la réalité alors l'annulation par le jury est un outil magique pour s'opposer aux « efforts de maintien de l'ordre de l'orthodoxie. »

La Domination par Démagogie Secrète

Sous les outils de dominance ou de domination, Weber souligne certains des outils de la démagogie : les télégrammes, les discours et, ce que je suis sûr qu'il aurait approuvé une signification de « communication sociale »,

---

[36] Marglin & Marglin. *Dominating Knowledge*, p. 31

[37] Ibid., p. 35

c'est-à-dire télévision, vidéos, articles, documents, enregistrements, textos, disques, et tout ce qui pourrait porter le message du démagogue. Ce démagogue serait-il une institution ? C'est moins clair et certainement moins examiné quant à la proximité du démagogue au public cible prévu et imprévu. Dans le cas où la police secrète existe, des faits et gestes mystérieux sont possibles. (Voir p. 9)

Un canal de communication est nécessaire pour que les idées des démagogues prennent position de dominance et cela peut être séparé du démagogue en tant qu'être humain. Pourtant si c'était possible, quelqu'un ou quelque création humaine pourrait exercer une domination sur quelque personne, groupe ou société, une domination complète avec des sanctions pour avoir désobéi (où ils sont construits dans le système de croyance du démagogue) et être un démagogue et opérer en secret ; au total une situation importante. Nous pourrions envisager de placer une menace de cyber-attaque à distance dans cette catégorie. Les origines mystérieuses des légendes urbaines témoignent des origines secrètes de l'initiateur des contes, des rumeurs et des idées. Pourtant, ce n'est généralement pas de la domination, comme il n'y a aucune sanction pour incrédulité. L'avantage pour le démagogue secret est qu'il n'a pas de comptes à rendre pour les actions.

« Plusieurs estiment que le pays déviait vers un état dans lequel ses problèmes sociaux les plus urgents ne pouvaient être résolus que par des mesures extrêmes de la droite ou de la gauche. Les universités furent incapables de maintenir leur semblant d'îles sur lesquelles le chercheur et le scientifique apolitiques pouvaient vivre isolés de l'agitation violente qui règne sur tous les côtés. Non seulement les étudiants étaient perturbés par l'incertitude de l'emploi futur et forcément préoccupés par les problèmes politiques... Les étudiants ont commencé à fermenter des troubles et provoquer de la violence à l'intérieur des universités. » [38]

Lilge fait allusion à Hitler et le passé, les étudiants nazis (les très politiquement incorrects) et l'Allemagne dans le milieu des années 1930, et Lilge a estimé que le système universitaire, par le biais de sa conférence annuelle en 1932 et 1933, aurait pu exprimer un « manque de confiance dans le national-socialisme » qui aurait pu augmenter la résistance intellectuelle contre ce qui allait suivre. Bien que Lilge ne fait pas de référence particulière quant à ce que pourraient être les indices montrant que les choses allaient bientôt prendre une tournure dramatique pour l'éducation allemande, nous en avons un du livre d'Erika Mann qui correspond à cette année. Il y avait un Dr. Bernhard Rus qui appartenait au parti Nazi depuis 1922. En février 1933, il est nommé ministre prussien de la Culture. Au cours de l'hiver 1933 il déclara « *...tous les enseignants d'ascendance non aryenne ou*

---

[38] Frederic Lilge. *The Abuse of Learning: The Failure of the German University* (New York, Macmillan Co., 1948), p. 163

juive ont été démis de leurs fonctions. » [39] En février 1934, il fut nommé Directeur de l'Éducation, et en avril de cette même année Rus a été nommé ministre du Reich de la Science, de l'Éducation et de la Culture.

Conclusion

Comme Weber et Mann, Lilge dans son épilogue souligne la folie de la neutralité politique face à la rhétorique et la propagande qui force le vrai savant à se lever et ouvrir sa bouche.

Si on me permet de faire une étendue, j'inclus cette déclaration : « **Dans le monde d'un dictateur, même l'enquête scientifique, ayant rendu son service destructeur, doit éventuellement devenir suspecte comme dernière source de pensée critique et de non-conformité.** » [40]

Un rôle particulier de l'Université, quant à l'analyse et la pratique de la domination, commence à émerger quand on examine la domination avec les outils fournis par Weber, Kant, Hegel, Mann et d'autres, et, le cas échéant, leurs réflexions sur le but et l'usage du système universitaire. L'Université à son apogée est une fleur du savoir tout aussi importante que n'importe quelle autre dans la recherche de la vérité et la résistance envers des

---

[39] Erika Mann. *School for Barbarians*, p. 45
[40] Op. cit., p. 166

actes fautifs. Cela dit : Il en résulte, périodiquement, dans l'histoire humaine, des moments déterminants dans le temps et l'histoire où le silence de l'imposition sur les affaires publiques peut être légitimement brisé, mais il n'est pas susceptible d'être fondé sur les preuves empiriques de la rétrospection future, qui n'existe que dans le fond de soi, l'esprit/magique irrationnel de l'intérieur qui proclame une déclaration et un signal de la main.

Rousseau et le Canada

Dans mon examen du *Contrat Social* par J.J. Rousseau, j'ai pensé qu'il serait utile de comparer certaines des idées de Rousseau au sujet de l'individu et la société par rapport au même thème mais dans le cadre d'un paquet fourni par le Gouvernement Canadien connu sous le nom de « *Propositions Économiques et Constitutionnelles, Façonnant l'Avenir du Canada.* »

Je vais tout d'abord faire cela en identifiant et en définissant cinq points. Ensuite, je vais illustrer une dimension de chaque point pour plus de clarté. Enfin, je vais le comparer avec une remarque semblable dans *la Proposition Canadienne*.

Cette comparaison vise à sonder les aspects spécifiques de la pensée de Rousseau et ne pas réduire Les *Propositions Constitutionnelles* à quelques brèves pages.

Les Aspects d'un Contrat Social

Définitions de l'état, la liberté, la propriété, le droit, et ce qui constitue un consensus sont indispensables à la formation de toute société. Même si la Loi est déraisonnable, le peuple divisé en camps d'esclaves, tous une propriété appartenant au Roi, et l'État une des coercitions répressives, tant que tous ces éléments sont connus à l'avance et font partie de la notoriété publique, il y aura plus d'ordre que de chaos.

Rousseau est tout à fait conscient que l'homme peut créer n'importe quelle société qu'il choisit, même une qui ne lui convient pas. Dans *Le Contrat Social,* Rousseau tente de fournir un ensemble de directives qui soutiendraient une société régie par ce qui est pour le bien commun et attachée à une forte obligation morale.

Le Pacte Social

Je considère que ce pacte est la chose écrite, visuelle ou orale qui définit la responsabilité entre l'individu et l'état civil. Le pacte ou contrat social sert à expliquer et résoudre un problème concernant la rencontre entre les personnes.

« Concevoir une forme d'association qui défendra et protégera la personne et les biens de chaque associé avec toute la force collective et dans laquelle chacun est uni avec tous, mais en même temps n'obéit que lui-même et reste aussi libre qu'avant. » [41]

Cette déclaration, bien sûr, est en effet le Saint-Graal de la réforme constitutionnelle et nous disposons d'un modèle abrégé pour l'atteindre en intégrant les idées suivantes.

---

[41] *The Essential Rousseau*, trans. Lowell Bair, Meridian, 1983, p. 17

L'acteur social cède sa personne et toutes ses choses à la communauté sociale, rien n'est gardé en réserve, tout est abandonné. Si cet état idéal est menacé, le citoyen a une obligation morale, consciencieuse et légale de protéger l'État et d'obéir aux ordres à cet égard. S'il ne le fait pas, il perd la citoyenneté ou subit quelque peine.

Si je comprends bien, la société, en retour, se donne à chaque homme et défendra le droit de l'individu de garder ce qu'il a et d'avoir ce dont il a besoin. Rousseau considère que ni la personne ni la société ne sont abstraits. Cependant, je pense qu'il implique que l'individu et la société doivent être souples et tolérants. Nul érudit ne semble avoir une définition absolue de ceci.

Je crois que la notion de tolérance se trouve là où commencent les droits individuels et se terminent, ainsi que le droit de la société d'intervenir dans les désirs individuels. Il n'y a aucune formule simple ou évidente ici. Peut-être que dans cet État social de Rousseau, si toutes les choses étaient égales, si l'envie était moindre, la tolérance serait plus présente. En revanche, son État relève de l'uniformité et peut-être que toute déviance se démarquerait d'autant plus.

Peut-être que chacun pouvait faire ce qu'il veut de sa vie et il appartiendrait à la société d'être assez souple et tolérante pour fournir l'espace, la subsistance et un engagement à garantir la réalisation des exigences des individus en échange de leur appartenance à la société. C'est le contrat social qui, entre autres, serait soumis à et limité par l'État, la liberté, la propriété, la Loi et le premier accord.

Dans *The City and Man*, Leo Strauss interprète Rousseau en disant : « **...le contrat social qui crée la société est le fondement de la moralité,** » et que, « **...la base de la moralité est la bonne volonté, par opposition à l'accomplissement de toutes les fonctions** » et que « **... La moralité signifie l'autonomie.** » [42] Le devoir moral qu'il ressent, pour Rousseau, est la mise en place de l'égalitarisme.

Le Contrat ou Pacte Social a tout à voir avec la façon dont l'homme participe à la société. C'est la mise en place d'un code moral. Il y a à la fois une volonté générale et particulière, ce qui constitue la différence entre une volonté sociale et individuelle. Le problème consiste à faire la différence entre une volonté sociale et une volonté individuelle et aussi identifier une volonté générale légitime. Rousseau dirait que la volonté générale est toujours légitime.

Au Canada, au sein de notre Proposition, nous avons presque dupliqué l'idée de Rousseau et nous sommes tout aussi vagues que lui.

---

[42] *The City and Man*, Leo Strauss, Chicago, Rand McNally & Company, 1964, p.40

« Le droit d'une personne peut-être occasionnellement limité lorsqu'il est en conflit avec les droits et les intérêts d'autrui ou de la Communauté dans son ensemble. » [43]

On dirait un concept valable. Tout ce que fait Rousseau ou la Charte Canadienne est de fournir une intention, une direction de pensée à prendre en considération lors de l'application de la Loi. Encore une fois, je reprends la citation de Rousseau : la Loi est l'expression de la moralité. Nous ferons des choses jusqu'à ce que d'autres

[43] *Shaping Canada's Future Together*, Minister of Supply and Services Canada, 1991, p. 3

s'y intéressent ou sont touchés. Je pourrais continuer encore longtemps mais je finirais par danser sur la tête d'une épingle, et en fin de compte, j'aurais à présenter environ 145 ans du code juridique canadien. En vertu de nos lois, nous nous efforçons de légiférer et de définir ce qui constitue la liberté et la transgression. Au fil du temps, nous avons développé un ensemble de lois et c'est cet ensemble de lois qui a défini où les droits individuels empiètent sur la grande communauté. Je pense que c'est le corps du droit qui donnerait, selon Rousseau, la liberté morale aux citoyens qui devaient participer à son élaboration.

L'État Civil

« **Le passage de l'état de nature à l'état civil produit un changement remarquable chez l'homme en remplaçant l'instinct par la justice dans sa conduite et en donnant à ses actes la moralité qu'ils n'avaient pas auparavant.** » [44]

Dans l'État Civil de Rousseau, il ne permet pas à l'homme de prendre ce qu'il veut par la force de l'impulsion. Il s'agit de l'état de nature qu'il a laissé derrière lui en option pour plus de confort et de sécurité dans l'ensemble. Ici Rousseau traite de la différence entre liberté naturelle et liberté civile. La liberté naturelle relève encore de l'état de nature où l'homme est libre de nombreuses obligations morales et sentimentales. Avec la liberté civile, on a un

---

[44] *The Essential Rousseau*, p. 20

contrôle sur les choses et sur soi-même. L'idée ou le résultat de la liberté civique est une stabilité qui est moins sauvage et plus prévisible pour autrui. Si l'on veut former un contrat social et un état civil, nous acceptons que l'état de nature soit laissé pour compte.

Il existe des contrôles au sujet de la liberté civile et la propriété de biens. Pour que l'État ait sa légitimité, il doit toujours prouver que l'appropriation des biens est vitale. On travaille pour créer quelque chose ou échanger quelque chose sur le marché et l'on détient légitimement cette chose. Si un autre la prend et fuit injustement alors l'État devrait saluer l'effort de renvoyer l'objet et doit lui-même faire un effort pour le retourner au propriétaire légitime. Lorsque Rousseau fait référence à la possession et la propriété, il le fait, selon moi, dans le même contexte que Locke, en fait pour qu'une chose soit la vôtre, vous devrez l'avoir reçue par don ou par travail. Quelque chose de moral est survenue pour permettre d'avoir et de garder cette chose.

La liberté morale est définie par l'obéissance à la loi auto-imposée contre « *l'impulsion par appétit* ». [45] Dans *L'État Civil*, Rousseau estime que l'homme aura un plus grand sentiment de liberté morale s'il obéit à des lois qui définissent son comportement et qu'il a contribué à la création de ces lois. Il va de soi que si nous n'allons pas

---

[45] Ibid., p. 21

tous passer tout notre temps à pinailler à chaque interprétation du précédent et le fait que cet État idéal aura besoin d'une courte liste de lois qui sont compréhensibles à l'ouvrier agricole ordinaire et le bureaucrate d'état ordinaire, nous aurons un minimum de participation des citoyens.

Quand il parle de « remplacer l'instinct par la justice », il indique clairement qu'ils sont distincts et sortent d'un ordre social. Rousseau a ce sens de la justice qui ressort d'un sens aigu de délibération mature et le moins d'intérêt individuel. La justice doit être infligée pour le bien de tous et non par l'époux trompé contre la femme adultère. L'artisan à qui l'on a volé ses biens ne sera pas le juge quant à la façon de traiter le voleur. C'est la justice qui ressort de déterminer le plus grand bien.

L'État Civil, cependant, est autant un état d'esprit que n'importe quel document en particulier. Rousseau nous avertit de ne pas essayer de créer un outil bon à tout jamais. Au fur et à mesure que le temps passe, la volonté générale du peuple tend à changer à travers les circonstances, la maturité et l'imprévu. L'État civil de Rousseau tente d'éviter la réaction réflexe à une situation et se penche vers la raison.

Nous avons un sens de justice au Canada dans la mesure où notre loi juge que quelqu'un est innocent jusqu'à preuve du contraire, et que la personne ou le jury qui décide de la culpabilité est suffisamment à l'écart de la situation pour qu'il puisse émettre un jugement non basé sur la passion. Cependant, je crois que l'individu ordinaire dans ce pays a été extrêmement mis à l'écart de la création de la Loi en elle-même. Je n'accepte pas que le plébiscite occasionnel, les émissions radiotéléphoniques ou une campagne postale soient suffisants pour l'orientation de la politique juridique de façon équitable ou sophistiquée. Encore plus, dans le corps des Propositions Constitutionnelles, aucun mécanisme n'est autre que la démocratie représentative pour résoudre les questions quant à ce qui est acceptable ou inacceptable pour le corps politique. Vous remarquerez que ce même système de démocratie parlementaire est également sujet de consolidation par la Charte des Droits. Je crois que c'est un angle mort.

Rousseau ne fut peut-être pas en mesure de concevoir une société où chaque membre possède un potentiel de participer à la réalisation de la loi grâce aux innovations technologiques, mais si notre constitution va survivre longtemps dans l'avenir, elle tiendra compte de cela. Selon Rousseau nous n'avons pas encore atteint le meilleur état civil.

Biens Immobiliers

« Chaque homme a un droit naturel à tout ce qui lui est nécessaire, mais le titre juridique qui fait de lui le propriétaire d'un morceau de propriété l'exclut de tous les autres. Ayant reçu sa part, il doit s'y limiter et ne peut nommer aucune autre réclamation de ce qui est tenu communément. » [46]

Si nous voulons limiter les gens à leur juste part, alors je suppose que nous devons aussi limiter ladite part aux gens d'abord. Rousseau n'était pas vraiment explicite quant à généralement distribuer les terres du Roi, mais il disait clairement que personne ne devrait avoir à surmonter un obstacle à la propriété en raison de l'abus de quelqu'un d'autre. Il me semble que, pour pousser les choses un peu plus loin, il serait assez facile pour l'ouvrier ordinaire de dire que les intérêts bancaires l'empêchent de posséder sa propre maison. Il ne serait pas raisonnable de payer pour une maison en trois tranches étalées sur plus de 25 ans. Ça pourrait empêcher les gens de la possession de biens.

La Charte Canadienne est d'accord avec Rousseau sur le point que l'État vient en premier en ce qui concerne la propriété, nous voyons ici que, **« Le pouvoir fédéral de dépenser n'est pas défini dans la Constitution, mais il a été très clairement confirmé par la Cour Suprême. Il est déduit du pouvoir de taxation globale du gouvernement fédéral et son contrôle sur la dette et propriété publiques. »** [47]

[46] *The Essential Rousseau*, p. 21

Et c'est là où nous le perdons...

Permettre à l'individu d'être le dépositaire des biens publics fait partie de l'argument qui donnerait au travailleur d'usine le contrôle sur les moyens de production et un véritable capital dans l'entreprise. En fait, ce travailleur aurait un plus grand contrôle sur les produits et la façon dont ils sont faits que le type qui se retire et ne contribue en rien à la société. L'État a toujours le pouvoir d'ouvrir l'usine pour faire les instruments nécessaires comme le résultat d'une condition importante pour le pays. Entre temps, la nation ne perd pas parce que l'usine est contrôlée par 1000 personnes par opposition à quelques actionnaires majoritaires. L'usine est toujours là, peu importe qui en est propriétaire.

La dette, selon le concept de propriété de Rousseau, pourrait devenir plus un problème pour la Police Sociale que pour un Banquier. Si nous avons l'égalité et la liberté, pourquoi quelqu'un aura à s'endetter ? Avec quels outils quelqu'un peut recouvrer une dette ? Je peux voir comment la détermination de qui obtient la propriété, combien et quand, sous-tend tellement de Rousseau. C'est après tout l'endroit dans lequel nous vivons tous. Nous louons notre propriété, ou possédons notre propriété, n'avons aucune propriété ou devons de l'argent pour notre propriété. Rousseau réaffirme encore une fois

---

[47] *Shaping Canada's Future Together*, p. 40

que l'État est le contrôleur ultime des biens. Nous devrions avoir notre propriété en déterminant le besoin de l'avoir et ce que nous y avons fait quant à l'améliorer, l'entretenir ou en quelque sorte la façonner pour rester autonome. Il s'agit de séparer votre propriété du parc public et son droit de passage, de l'appartement que vous avez loué maintenu, peint et réparé pendant 10 ans ou la cabane que vos enfants ont construit sur les terrains publics et veulent maintenant y déménager par droit du travail et de la possession.

Rousseau limiterait la part de terrain que reçoivent les gens. Il s'agit, pour notre société canadienne, de l'égalitarisme radical. Les restrictions sur la propriété sont généralement rencontrées avec de forts cris des puissants et de ceux qui possèdent des propriétés. Je suppose que cela mettrait une limite à l'héritage, au travail et au don car ça s'applique à l'accumulation des biens. Dans le temps, peut-être que les gens se consacreraient à autre chose que l'accumulation comme moyen de déterminer si l'existence est significative.

Il n'a pas traité le problème de l'inégalité. Peu importe quel système atteint son potentiel, il n'éradiquera pas immédiatement l'inégalité qui existait immédiatement avant le changement. Je pense que sa vision, si elle s'était mise en œuvre, bloquerait, pendant un instant, le processus actuel et cessera tout mouvement vers l'arrière. Dans le temps, avec une plus grande stabilité, le système permettrait à une majorité d'avoir un confort relatif.

Cela nous amène à la loi qui détermine la propriété.

Différents Systèmes Juridiques

« Si nous cherchons à déterminer précisément ce qui constitue le plus grand bien de tous, ce qui devrait être l'objectif de tout système juridique, nous trouvons qu'il peut être réduit à ces deux éléments principaux : la liberté et l'égalité. » [48]

La liberté et l'égalité sont très populaires. La liberté de qui et l'égalité de qui s'avèrent être la grande compétition. Beaucoup de guerres et d'atrocités ont été commises au nom de la liberté et l'égalité. Je pense qu'il serait juste de dire que ces qualités contestables et élusives sont souvent déterminées par certains groupes d'intérêts qui ne sont pas en accord avec la volonté générale.

Ce que nous protégerons, consoliderons et idéaliserons, ou pas, sera toujours déterminé par la déclaration d'Abraham Lincoln, « *On peut tromper une partie du peuple tout le temps et tout le peuple une partie du temps, mais on ne peut pas tromper tout le peuple tout le temps.* » Rousseau permet que le peuple puisse être mené en bateau et se laisser berner mais il le voit comme un point temporaire

---

[48] *The Essential Rousseau*, p. 45

dans le temps et que, indépendamment de la Loi, la volonté générale est un esprit en soi et elle est desservie ou non desservie par l'esprit de la Loi.

Tant que les choses ne sont pas idéales et l'ingénierie sociale ne va pas dans le sens d'une vision cauchemardesque d'un but moral perverti, alias Meilleur des Mondes ou domination par l'intelligence artificielle, alors les propagandistes et la populace se soumettront à un effort extrême et préconiserons le changement.

Le concept que les gens choisissent d'y croire n'est pas quelque chose qui peut être coulée dans le béton à jamais. Peut-être si c'était une très courte liste qui reflète certains aspects précis indiscutables de la condition humaine, mais même ici, nous nous prenons pour Dieu et chaque fois que nous essayons de légiférer l'avenir, nous travaillons toujours d'un angle mort que nous ne pouvons connaître.

« En matière d'égalité, le mot ne doit pas laisser entendre que le pouvoir et la richesse doivent être exactement les mêmes pour tout le monde, mais plutôt que le pouvoir ne doit pas atteindre le point de la violence et ne doit jamais être exercé en vertu du rang et de la loi, et que, quant à la richesse, aucun citoyen ne doit être assez riche pour pouvoir acheter un autre, et aucun ne doit être assez pauvre pour être contraint de se vendre lui-même. Cela suppose une modération quant à la propriété et l'influence de la part de ceux en position haute, et une modération quant à l'avarice et la convoitise de la part des plus humbles. » [49]

Sans limites, la propriété pourrait déterminer la loi et Rousseau, en parlant des limites, a pensé à réduire l'impact de la propriété accumulée de l'individu en créant des conditions à l'encontre de la volonté générale.

C'est bien ça l'état idéal. Si on entend un différend familial à côté ou un cambriolage du magasin local, il suffit d'appeler le 911 et la police d'ingénierie sociale se présente, évalue la situation, fournit au transgresseur de la loi un poste approprié, un revenu, une prescription ou une thérapie. Le maître de maison a-t-il besoin d'une perfusion de tranquillisant ou similaire ou devrait-il choisir un boulot avec moins de stress ? Peut-être que toute la famille devrait suivre une thérapie. C'est un scénario sans violence.

La coercition pourrait être limitée à la moindre restriction et une solution. Nous espérons que la volonté générale ne permettrait pas que la profession sociologique et psychologique soit utilisée comme un instrument de répression, comme il était le cas dans l'ancienne Union Soviétique, pour traquer les intellectuels et les dissidents. Quoi qu'il en soit, les prisons contemporaines pourraient fournir une fonction plus utile en tant que musées vides du passé.

Cela ne résout pas le problème des mesures à prendre avec le tueur pathologique ou d'autres personnes

---

[49] Ibid., p. 45

extrêmement odieuses, mais ça permet de faire la différence entre ceux qui peuvent être aidés de ceux qui ne peuvent pas l'être actuellement. Encore une fois, toutes proportions gardées, la motivation et la possibilité de déviance seraient naturellement réduites.

Le greffier ne se représentera pas en tant qu'ambassadeur, ni n'infligera-t-il une peine à un criminel reconnu. L'instructeur de ballet ne se fera pas passer pour la Reine. Le pouvoir se limitera à ceux qui en ont besoin sur le niveau requis pour s'acquitter de leur responsabilité.

Avec Rousseau, nous aurons un chef de file. Dans son état idéal, nous l'aurions élu à travers une manifestation de la volonté générale ou il y aura éventuellement des troubles sociaux. Il va de soi que l'intérêt personnel sera moins pris en compte si tous sont limités dans leur accumulation de biens.

Dans mon esprit, l'état fournira ce qui est nécessaire à un individu pour mener une vie agréable et confortable. Si les intérêts privés n'offrent pas une incitation suffisante à l'individu pour sacrifier son temps et participer au travail au nom de quelqu'un d'autre, alors c'est la perte de l'intérêt privé.

Les naïfs et les réactionnaires ont une vision cauchemardesque de 30 millions de Canadiens assis devant 30 millions d'écrans vidéo en train de boire 30 millions de canettes de bière et encaissant 30 millions de chèques d'aide sociale pour la vie. Nonobstant les drogues, le divertissement et d'autres distractions (qui sont souvent une expression de l'aliénation), l'être humain n'a pas des antécédents de faire collectivement 'rien d'aucune façon pour personne'. Les humains aiment faire des choses et Rousseau essaie de révéler une manière permettant leur plus grande potentialité.

Je pense qu'il est possible de déplier la partie du concept de Rousseau de cette façon. Une fois que le terrain ou propriété est légitimement acquis, pour qu'il puisse être conservé pour la famille et contribuer ainsi à la cohésion sociale et la communauté, cette maison, terrain, appartement, habitation principale ne peut être risqué par nantissement, hypothèque, dette ou échange sauf pour l'échanger contre une autre forme ou type d'habitation principale.

La propriété est une chose appartenant à l'individu ou à l'État, et aucun sauf l'État peut l'exproprier et dans ce cas pour le bien de tous. Celui qui a perdu des biens ne les a perdus que temporairement et l'État prévoit de restituer la terre même avec compensation ou établir un accord équitable où l'individu retrouve son autonomie.

La Loi est flexible et empathique avec la terre et son contenu. Il va de soi que n'importe quel ensemble de lois données à l'organisme politique doit tenir compte de certaines particularités de la terre et des gens. Les lois sociales concernant l'utilisation de l'eau dans le désert seront différentes de celles dans une société entourée par un lac d'eau douce. Il serait raisonnable de mettre à disposition d'un éleveur de bétail plus de terres où le sol est clairsemé, pour nourrir ses bovins, et moins de terres où le sol est riche et fertile. Si chaque homme a une centaine de bêtes, l'éleveur avec le sol le plus riche doit revendiquer moins de terres de la même taille que l'éleveur qui a les conditions les plus défavorables.

La clause d'exemption de notre Charte nommée « clause dérogatoire » est un superbe exemple de la loi étant établie par d'autres que le peuple. Le pouvoir de révoquer l'applicabilité du contrat social, au Canada, ne réside pas dans l'individu, la famille ou la communauté mais parmi la majorité des membres du Parlement ou la législature Provinciale. Ce système de prise de décision est lui-même également constitutionnalisé dans les *Propositions*.

Il Faut Toujours Remonter à Un Premier Accord

« Il y aura toujours une grande différence entre soumettre une multitude et régir une société. Si les différents individus sont successivement soumis à la domination d'un seul homme, quel que soit leur nombre, je n'y vois qu'un maître et ses esclaves, pas un peuple et leur dirigeant. » [50]

---

[50] *The Essential Rousseau*, p. 15

Si nous allons convenir que nous travaillons en faveur d'un état civil en vertu de la Loi, alors le corps politique doit avoir plus de liberté qu'un esclave. Le corps politique a aussi une identité. Il a une sorte d'identité généralement fondée sur une certaine forme de communication. Nous nous sommes souvent défini par langue. Il est italien. Elle est française. Peut-être à l'avenir il va devenir DOS, elle deviendra BASIC et ce type deviendra Binaire. Les langues changent. En Union Soviétique, nous assistons à des limites géographiques de nouvelles nations établies en grande partie en fonction de la langue, la religion et la géographie.

Au Canada, je dirai que notre premier accord doit remonter à l'Acte de l'Amérique du Nord Britannique, puis la Charte Canadienne des Droits. Avant l'un ou l'autre de ces documents, nos accords ancestraux initiaux en tant que Canadiens vont tourner autour des langues communes et des intérêts commerciaux ; C'est à dire la Compagnie de la Baie d'Hudson, diverses compagnies de chemin de fer.

« La Charte garantit que les lois restreignent la liberté aussi peu que raisonnablement possible. La liberté et l'épanouissement de l'individu ne sont limités que par la nécessité que tous les individus aient la même liberté et tout ce qui va avec.

« Les droits à l'égalité, d'après la Cour Suprême du Canada, visent à remédier ou prévenir la discrimination à l'égard des Groupes souffrant de désavantages sociaux, politiques ou juridiques.

« Dans l'expérience canadienne, ça n'a pas été suffisant pour protéger uniquement les droits individuels universels. Ici, la Constitution et les lois ordinaires protègent aussi d'autres droits accordés aux individus en tant que membres de certaines communautés...Le fait que les droits des communautés existent aux côtés des droits individuels dans notre Constitution constitue l'essence même de ce qu'est le Canada. » [51]

Notre accord œuvre pour l'égalité, la liberté et la détermination de la tolérance. Les Canadiens se réunissent en vertu de ce contrat et acceptent de répondre aux besoins d'autrui dans le cadre dudit contrat.

En réponse à satisfaire « certains objectifs canadiens », le gouvernement du Canada propose la création d'un Conseil de la Fédération. Il est composé de gouvernements fédéraux, provinciaux et territoriaux. La collaboration de ce Conseil est de décider de l'utilisation des fonds fédéraux. Significativement, ce Conseil de fantômes n'aurait pas de personnel permanent ou siège social, ni sera-t-il élu au poste par le corps politique.

Étant donné que le Conseil n'est précisément pas directement élu aux postes par l'électorat, et étant donné que son mandat est le contrôle et la direction des fonds fédéraux, ceci représente un l'exemple de la « Dégénérescence du gouvernement » de Rousseau.

---

[51] *Shaping Canada's Future*, p. 3-4

« Ce n'est pas le gouvernement qui contracte, c'est plutôt l'État ; Je veux dire que l'État dans son ensemble se dissout et un autre est formé dedans, composé uniquement des membres du gouvernement. » [52]

Lorsque Rousseau évoque les marchés de l'État, il signifiait « du plus grand au plus petit » et a spécialement ressenti que la puissance tombe plus entre les mains d'une aristocratie de la plus large arène de démocratie. Il a estimé que ces marchés étaient un signal.

Maintenant les nouvelles limites proposées au Sénat en ce qui concerne ce qui relève de leur mandat, les nouveaux pouvoirs accordés au Conseil de la Fédération, et la manière selon laquelle ces gens sont choisis, je crois, sont des indications de cette dégénérescence.

Toutes les choses vont à travers une volonté générale même si c'est la volonté générale étant supprimée. L'État idéal de Rousseau pourrait naître aussi facilement que tout autre, en fonction du/des type(s) d'ingénierie sociale prenant place dans la société. Fondamentalement, les personnes doivent vouloir, ils doivent avoir besoin de quelque chose en particulier avant qu'ils puissent l'avoir un jour.

La moralité, le droit, le code civil, les biens et le contrat social d'une société dépendent tous l'un de l'autre comme n'importe quel concept unique. Ils se touchent l'un l'autre

---

[52] *The Essential Rousseau*, p. 72

à un certain niveau et augmentent donc leur profondeur et leur importance. Les idées de Rousseau ont beaucoup à inspirer les marginalisés en ayant/créant la possibilité et l'empressement à écouter. Ses visions transmises à travers les siècles sont entrées dans nos accords de base en tant que société et constituent un défi à relever pour la future liberté civile et morale des citoyens.

Émile Durhkeim et Max Weber Ont-Ils Pu Développer Assez de Charisme pour Aller à L'autre Côté d'une Voiture de Police en Feu et Tirer le Plomb Chaud pour Protéger Timothy Leary des Flics ?

Je suis intéressé par le charisme des individus et les événements qui ont conduit à leur acceptation. Je suis intéressé par les obstacles qui entravent leur chemin. Il est particulièrement intéressant de traiter le sujet à la lumière de la conjoncture mondiale actuelle. À cette fin, j'ai décomposé l'étude du charisme en sept catégories : La Domination et l'Éducation ; La Domination et l'Économie Rationnelle ; La Désindividualisation Comme Une Menace ; Les Médias ; L'Environnement ; Le Style ; et la Déviance.

Je vais limiter la discussion du charisme à sa partie qui s'appuie sur l'orientation rationnelle de la valeur. Ceci est défini par Max Weber comme, « ...les actions de ceux qui, indépendamment du coût éventuel pour eux, agissent pour mettre en pratique leurs convictions de ce qui leur semble être nécessaire par devoir, honneur, poursuite de la beauté, appel

religieux, loyauté personnelle ou importance d'une certaine « cause » peu importe en quoi elle consiste. » [53]

L'étude du charisme implique nécessairement l'étude de la déviance, la validation consensuelle, le comportement interpersonnel, la dynamique de groupe et une pléthore d'autres disciplines interprétant le phénomène socio-psycho-culturel.

Toutefois, j'ai le sentiment que le plus grand bénéfice immédiat de l'étude du charisme sera obtenu en centrant le débat sur les travaux de Max Weber, Émile Durkheim, Edward Sutherland, un pic général à la dynamique de groupe et les premiers travaux de Timothy Leary.

Le charisme, partout où on le trouve, semble être plus observé dans les actions et le comportement des leaders. Ceci conduit à un questionnement général sur quand est-ce les leaders sont requis ? Dans quelles conditions une personne est-elle plus susceptible de devenir un leader ? Le charisme est-il spontané ? Le charisme fait-il partie d'un processus ou est-ce le résultat final ? Où se situe-il dans le continuum du phénomène humain ? Qui sont plus susceptibles de devenir charismatiques ? Dans quelles conditions le charisme peut-il se faire accepter ? Le charisme peut-il être reçu avec hostilité ? Le charisme est-il nécessaire pour éliminer les sensations désagréables

---

[53] *Economy and Society*, p. 25

dans une situation anomique ? Le charisme a-t-il tendance à apparaître plus fréquemment dans une organisation anomique qu'une autre non-anomique ? Une personne peut-elle avoir un tas de charisme et ne pas être suivie ? Si les gens suivent un acteur social, cela présuppose-t-il que l'acteur social est un leader ou possède du charisme ? Peut-on être un leader charismatique sans le désirer ? Le charisme peut-il être séparé du leadership ?

Le Processus Théorique de Roy Berger sur le Charisme

Quatre Problèmes Charismatiques. 1) Il y a un état d'anxiété. 2) Il y a un problème reconnaissable. 3) Il y a validation consensuelle du problème et/ou une sorte d'interaction symbolique avec. 4) Le comportement acquis et les actions sociales conformément aux Principes de l'Association Différentielle de Sutherland. [Voir page 89-90].

Quatre Réponses Charismatiques. 1) Le comportement coupable se transforme en déviance tertiaire par tous les acteurs sociaux. 2) Il y a validation consensuelle par tous les acteurs sociaux. 3) Il y a un accord à l'unanimité sur l'objectif défini. 4) Le leader apporte une solution définie.

Il est fort possible que le processus du charisme, à partir du besoin initial retrouvé dans l'anxiété jusqu'au résultat final, d'aucune nécessité, qui a été produit par sa solution définie, suit le modèle de problème/réponse énuméré ci-dessus. Les adeptes n'ont pas besoin d'avoir les connaissances quant à la façon de résoudre le problème. Je pense qu'ils ont seulement besoin de croire que la personne à qui ils ont octroyé le commandement a la capacité de le faire. Je vais aussi montrer que les comportements collectifs et individuels sont liés entre eux, que le charisme peut être présent chez presque tout participant selon la proximité/degré auquel cet acteur social suit le continuum décrit ci-dessus.

Il semble y avoir une relation entre le charisme et l'interprétation du comportement et des actions d'autrui. Il semble être lié à un besoin au sein de tous les ensembles des acteurs sociaux concernés.

Le charisme est une vertu présente dans les circonstances les plus exceptionnelles chez la plupart des gens. Quand le charisme tombe à ce déviant tertiaire qui est trop occupé avec lui-même et ensuite, selon Weber, se débarrasse de toutes sortes de concept économique rationnel, alors cet acteur social peut devenir dissident dans le domaine de sa concentration. Sa popularité et ses disciples seront égaux à leur capacité à s'appuyer sur les contrôles internes, les grâces sociales et avoir sélectionné ou avoir été sélectionné par une population qui est prête à abandonner l'économie rationnelle (et donc un degré d'exploitation).

Certaines menaces à l'économie rationnelle comprennent une guerre impopulaire, un mécontentement parmi la classe agraire et une division nationaliste au sein d'un État-nation. Mais fondamentalement, une menace à l'économie rationnelle est tout ce qui affaiblit la monnaie ou les organismes qui soutiennent les notions d'accumulation du capital. L'État-nation est consolidé avec les obligations bancaires et trésorières, la perception fiscale et les accords commerciaux, et le charisme de la monnaie fiduciaire par-dessus les métaux précieux.

Juste Pour Le Plaisir ; Une Liste des Acteurs Sociaux Qui Auraient Manifesté Des Traits Charismatiques

Poète - Allen Ginsberg, Bob Dylan

Écrivain – Jack Kerouac, Joseph Goebbels, Ken Kesey, Sinclair Lewis.

Artiste - Jackson Pollock, Salvador Dali, Gary Trudeau, Ellen Gabriel.

Politicien – John F. Kennedy, Pierre Elliot Trudeau, Louis Riel, Nelson Mandela, (abolitionniste) John Brown, Che Guevara, Mother Jones, Malcolm X.

Soldat – Audie Murphy, Ronald (Lasagna) Cross, Milton Born With A Tooth, Edward Snowden, soldats de l'armée républicaine irlandaise.

Général - Eisenhower, Charles de Gaulle, le général Westmoreland, Fidel Castro, Menahem Begin .

Professeur Pédagogique - Abimael Guzman , Timothy Leary, Angela Davis

Acteur – Jane Fonda, Lenny Bruce

Journaliste – Bob Woodward et Carl Bernstein, Gordon Sinclair, Hunter S. Thompson, Julian Assange.

Radio D.J. - Wolfman Jack, Murray The K.

Agent de Contrôle Social – J.Edgar Hoover, le sénateur Eugene McCarthy.

Travailleur - Lech Walesa, Tankman (5 juin 1989, place Tiananmen, Chine)

Étudiant – Abbaye Hoffman, Jerry Rubin, Students for a Democratic Society.

Médecin – Henry Morgentaler, Benjamin Spock, Norman Bethune.

Musiciens - Sex Pistols, Grateful Dead, The Beatles

Avocat – Gandhi, Julias Grey l'action de facturation pro-bono ?

Spirituel – Mère Thérésa, L. Ron Hubbard, le Révérend Sun Myung Moon, Martin Luther King.

Lieu – camp de réfugiés, terres squattées, passage de l'emprise, appropriation historiquement contestée d'une terre.

Comptables – Fabricants de fausse monnaie, grandes escroqueries économiques, opérations pyramidales.

Médias – Internet, pornographie, informations interdites The Pentagon Papers, WikiLeaks.

Criminels - tueurs en série, leaders de la criminalité organisée, émeutiers de prison.

Beaucoup de gens sur la liste appartiennent à plusieurs catégories. Tous étaient controversés dans le contexte de leur époque. Tous avaient beaucoup de disciples ou les ont encore. Tous ont fait des jugements rationnels de valeur et eurent un impact fondamental sur la structure de la société ou la moralité. Ces gens avaient des objectifs et ont communiqué ces objectifs aux autres dans une époque de crises économiques, morales ou politiques.

Pour être clair, je vous présente la base de la théorie de l'anomie de Durkheim. Nous devons comprendre qu'une situation anomique est en effet l'une des crises. Elle peut être une situation dangereuse car elle sera probablement exploitée par tous les types de leaders charismatiques.

La Théorie de l'Anomie de Durkheim

Anomie

« L'individu a peu ou pas de lignes directrices de ce que l'on attend. L'anomie est une situation dans la société où les normes de la société sont floues et ne sont plus applicables à l'époque où nous vivons. C'est une période de doubles messages sans aucun leadership clair. » [54]

Source > Variable Indépendante > Variable Dépendante

Changement Social > Anomie > Suicide Anomique

(déstructuration normative)

Changement sociale rapide et brusque, c'est-à-dire : la révolution industrielle conduisant à une absence de normes en matière d'urbanisation a une incidence sur les taux de suicide.

Quarante ans plus tard, Thomas Merton révise la théorie de l'anomie de Durkheim.

La disjonction des objectifs du Millénaire mène à l'Anomie qui peut avoir une entente réciproque avec la déviance notamment dans la conformité, le ritualisme de l'innovation, ou la rébellion.

---

[54] Professor Horiwich, Social Deviance Lecture, Concordia University, October, 1990

Lors de l'écriture du charisme, je choisis de le faire dans le cadre de ce que je crois être la dissolution de l'État-nation. Les dangers qui font face au monde d'aujourd'hui sont immenses et assez réels pour menacer l'existence de l'humanité toute entière. Ces dangers existent comme éventuel carburant pour les charismatiques, quelle que soit leur intention, politique ou excentricité.

Je ne crois pas qu'il serait hors de propos de suggérer que le monde de 1991 se dirige vers - ou est actuellement dans - un état d'anomie. Aujourd'hui, plus de 100 pays sont en guerre ou en grave conflit sur leur propre territoire. Plus significativement, la Yougoslavie, l'Afrique du Sud, l'Allemagne, la Nouvelle-Guinée, la Moldavie, l'Arménie et le Pérou sont dans un état d'extrême agitation dirigée par des esclaves serviteurs, des étudiants, des agriculteurs, des occupants sans titre et le grand public. Les événements récents à Oka, Québec, Washington D.C., Port Aux Basques à Terre-Neuve et Pemberton Colombie-Britannique en plus de la colère de 636 000 bénéficiaires de chèques d'aide sociale dans la région de Montréal suggèrent aussi que la foi dans les lignes directrices traditionnelles s'effrite.

Le Charisme

On est doté de charisme si l'on atteint une position de prise de décision sans bénéfices ou moyens traditionnels. Nous pouvons remarquer que les leaders charismatiques sont ceux qui sont envoyés en prison aussi souvent qu'ils sont envoyés à la tombe. D'où le puissant impose l'étiquette péjorative de « rebelle » plutôt que « leader » sur le charismatique pour tenter de limiter la croissance de ses disciples. Le charismatique déviant est celui qui agit comme si ses objectifs sont légitimés car ils expriment les désirs d'un groupe non reconnu ou non habilité dans la société. Où se situent les frontières de la nation de la société du charismatique et où il est préférable qu'elles soient situées détermine généralement la probabilité et l'ampleur du conflit.

Un poète charismatique comme Ginsberg peut hurler d'un étroit dessus de table alors qu'un guerrier charismatique comme Lasagne peut tenir un fusil au-dessus d'une voiture de police renversée. Les deux ont du charisme.

« Avec la disparition des véritables racines du charisme, la puissance habituelle de la tradition et la croyance en sa sainteté reprennent leur prépondérance. [55] La clé ici est liée à l'héritage du charismatique et ses disciples, leur monument. La solution pourrait résider dans la création d'une nouvelle tradition aussi puissante que l'élaboration d'une constitution, afin qu'une nouvelle règle magique n'ait pas à être constamment forcée à gagner la croyance des masses et surtout pour limiter ou complètement

---

[55] *Economy and Society*, University of California Press, Max Weber, ed. Roth & Wittich, p. 1127

restreindre la misère humaine qui accompagne souvent le changement.

Weber a estimé que l'obstacle empêchant la participation directe des masses dans le contrôle du destin politique d'un parti élu était présent pour des raisons techniques. Les inventions technologiques d'aujourd'hui pourraient supprimer cet obstacle au contrôle public de la politique gouvernementale. Un type de carte de vote préservant le scrutin secret, semblable à la carte bancaire de puce électronique moderne avec un numéro d'identification, pourrait éliminer la nécessité du type de représentation que nous avons aujourd'hui au Parlement. La populace pourrait envisager un contrôle direct sur le destin de la nation. La législation de la moralité, de l'économie et de la société pourrait être aussi fluide que la tyrannie de la majorité. Même si ça n'exclut pas la participation et l'influence des charlatans, c'est qu'un exemple qui pourrait éliminer la nécessité ou renforcer la nécessité des petits groupes d'élite contrôlant la démocratie, qui, Weber l'admet, peuvent faire l'objet de « maquignonnage », de programmes douteux et de tractations porte fermée. Responsabiliser les gens grâce à la technologie est devenue une possibilité qui, au temps de Weber, était beaucoup plus limitée. [56]

---

[56] *Economy and Society*, p. 1128

La Domination, l'Éducation et le Charisme

La défaillance de la discipline est en partie ce qui a créé un vide devant être comblé à la base par le charismatique. L'obéissance aveugle des sujets n'est possible à long terme que par un programme d'éducation qui fournit un ensemble d'idées, de croyances et une direction qui mènera à un minimum de dissidence. Le système universitaire est entré en usage partout dans le monde. Par sa nature même, l'Université encourage un certain niveau de dissidence. Toutefois, en limitant l'inscription à d'aussi peu de nombre d'étudiants que possible, l'éducation peut être réservée à une élite exécutive à qui l'on enseigne souvent par ascendance et par les enseignants que leur rôle dans la vie est de maintenir le statu quo et assurer une offre importante de travailleurs désireux de tourner les roues de l'industrie.

« Le statut et les privilèges des universités leur ont été accordés par la classe dirigeante militaire-aristocratique et n'ont pas été pas atteints dans le cadre de la croissance de la libre entreprise... un statut précaire, fondé sur un compromis par lequel les dirigeants de l'État considèrent les universités comme moyen pour la formation de certains types de professionnels. » [57] Il s'agit d'une forme d'éducation rationnelle, semblable au capitalisme rationnel, assurant un minimum de mobilité

[57] *The Scientist's Role In Society*, Page 135, Ben David, Chicago, 1984

sociale et incombant un maximum de tolérance et de patience de la part des travailleurs. L'éventuel leader charismatique ferait bien de saisir les moments de perte disciplinaire et habiliter les masses avec ces éléments qui conduisent à l'action sociale. Le programme est moins important que la conviction d'être dans le camp des vainqueurs, c'est le coté de moindre anxiété.

Une population scientifique et philosophiquement consciente ne donnerait pas aux empires d'aujourd'hui le mandat de faire ce qu'ils veulent des ressources naturelles, ni ne seraient-ils enclins à assurer un revenu important pour leurs exploiteurs. Ce n'est qu'à travers l'éducation (idées, croyances, direction) que nous recevons que les gens consacreront leur vie aux tâches triviales dénuées de sens.

Les gens ne peuvent agir que sur la base de ce qu'ils croient être vrai et leur action sera atténuée/influencée par la force relative de l'action coercitive dirigée contre eux, que ce soit la fin physique d'une matraque de police ou la brutalité psychologique de regarder une publicité bien pensée. Cela fait partie de ce que le leader charismatique doit affronter. L'action du charismatique de tenir compte de cette connaissance peut être fondée sur la réflexion sobre de retraite savante ou, aussi probable, faite au cours de ces fractions de secondes quand une foule doit décider si elle doit fuir en panique ou devenir un groupe mature et cohésif.

Malheureusement, la coercition à long terme ou particulièrement dramatique peut conduire au conflit de grande échelle. La révolution, la rébellion et les guerres civiles sont chacune alimentées par des sentiments sociaux et économiques distincts. Au sein de chacune d'elles se retrouvent des aides et des menaces pour le charismatique. [58] Un manque de grâces sociales et la polarisation de l'éducation sont des menaces importantes qui pèsent sur le charismatique.

Nous voyons cela à maintes reprises à travers l'évolution du système universitaire allant du mouvement de liberté d'expression de Berkeley jusqu'à *l'affaire du Sir George William* ou l'Université de Burlington à Vermont en 1991. Dans ces lieux, une population éduquée a lutté pour une liberté de l'oppression perçue.

La Désindividualisation comme Une Menace pour le Charisme

« **La discipline et sa sœur, la bureaucratie, présupposent une allégeance à un autre que soi ; une institution, un état, des patrons. Elle suppose la domination en vertu d'une désindividualisation subtile ou manifeste. Vivre la bureaucratie est croire en quelque chose d'autre que la famille, la communauté ou l'amitié que l'on doit apaiser, y obéir et s'y conformer.** » [59]

Harry S. Sullivan, K. Horney, E. Fromm et Timothy Leary étaient corrects dans leur description concernant le motif de la personnalité. « **L'anxiété (sentiments d'impuissance, de**

---

[58] *Economy and Society*, page 1120
[59] Economy and Society:

danger, d'isolement, de faiblesse ou de perte de l'estime de soi) est interpersonnelle parce qu'elle est enracinée dans l'attente terrible de la dérogation 8 [Dérogation : une diminution ou une atteinte (du pouvoir, droit, position, etc.) ; détraction ; l'état de devenir pire et le rejet par autrui (ou par soi-même).] « ...Le principe de motivation du comportement est mieux perçu comme une « réduction de l'anxiété » – l'évitement de l'angoisse suprême et la sélection de la moindre anxiété [de façon appréciative]. [60] Le charismatique ici ferait bien de diriger l'orientation des motifs vers la diminution de l'anxiété.

Le but de l'économie rationnelle est d'écraser l'individualité. Le charisme, c'est ce qu'on dit qu'un individu possède lorsqu'il dit des mots crédibles pointant dans une direction donnée sans offenser ses disciples. Le charismatique agit en tant qu'individu. Si ses mots s'avèrent vrais et le parcours s'avère fructueux, son charisme est renforcé. Rien ne peut l'arrêter sauf la mort, l'échec ou la disgrâce. La formule testée à travers le temps a toujours été d'envoyer en prison, humilier ou assassiner le charismatique dès qu'il montre des signes d'unification des marginalisés, des non-syndiqués, des personnes en détresse. Il s'agit bien sûr de la mise en œuvre de la théorie de la domination et de la peur qui est aussi accélérée par les programmes de désinformation.

---

[60] *Interpersonal Diagnosis of Personality: A Functional theory and Methodology for Personality Evaluation*, Timothy Leary, Ronald Press, 1957, page 8

L'adversaire du charismatique est n'importe quelle personne/entité qui risque de perde en acceptant le charismatique. Tout ce qui deviendrait anxieux à son acceptation. Tous, sans exception pour être sûr, utiliseront tous les moyens possibles pour attaquer le charismatique.

Weber a écrit à propos de l'existence d'une discipline au sein des armées [61] Le développement de la bombe nucléaire a véritablement éradiqué la nécessité d'un combat individuel. Pourtant le combat continue d'exister. Cependant, l'inspection des acteurs de la guerre ne montre pas beaucoup de combat se passant sur le territoire du club nucléaire, sauf dans le cas des campagnes de guérilla sporadiques. Dans ces cas, cependant, l'ennemi de l'État ne subsiste nulle part assez longtemps pour que la guerre nucléaire ait le moindre bénéfice productif. La guerre nucléaire est productive seulement dans le cas d'une institution contre une autre. Ce type de guerre peut également être improductif, lorsque l'on songe à la propriété des sociétés et leurs filiales se rétrécissant partout dans le monde, ayant un intérêt croissant contre l'interruption de l'approvisionnement. Les secteurs bancaires, industriels, et les secteurs du divertissement tournent autour de la gestion de la chaîne d'approvisionnement répartie sur une

---

[61] *Economy and Society*, p. 1151

variété d'États-nations. Le loup solitaire ou les petites cellules désenchantées ayant accès à des armes critiques peuvent avoir moins de considération pour ces alliances.

Les Médias et le Charisme

L'appropriation croissante centralisée des médias met l'information publique en péril dans la mesure que moins de gens ont le contrôle sur la diffusion des idées et des croyances. Les médias sont certainement capables de renforcer les institutions et les leaders. Ce n'est pas un hasard que la cible d'attaques gouvernementales et rebelles pareillement est souvent la radio, la télévision ou les imprimeries de presse. À des fins autres que le système académique, qui est universellement inadéquat pour les besoins des masses, les médias représentent le seul flux d'informations en dehors de l'environnement immédiat de l'individu.

Aujourd'hui, les individus ont un certain niveau de contrôle avec les médias par le biais des téléphones portables, les SMS et l'utilisation d'Internet. Il y a aussi plus de 2 milliards de radios à ondes courtes en utilisation avec plus à venir en ligne chaque année. Ce sont des outils à plus faible prix que la presse traditionnelle de circulation du marché de masse et plus accessible à « monsieur tout-le-monde ».

Dans *Politics as a Vocation*, Weber a écrit à propos de la probabilité du journaliste ascendant à la politique ou l'affectant. **« En tout cas, pour le moment, la carrière de journaliste n'est pas, parmi nous, une voie normale pour l'ascension des dirigeants politiques, quelle que soit l'attraction que peut autrement avoir le journalisme et quelles que soient la mesure d'influence, la gamme ou l'activité et surtout la responsabilité politique qu'elle peut fournir. Il faut attendre et voir. »** [62] Ça aurait été intéressant d'avoir les observations de Weber sur la montée de l'affinité avec le journalisme et la sphère politique de Rene Levesque, Adrienne Clarkson ou Conrad Black.

Les observations de Weber ici auraient été confirmées s'il avait pu rencontrer David Suzuki, professeur et journaliste. Depuis la diffusion de son émission, *The Nature of Things*, sur la forêt amazonienne, le leader charismatique Chico Mendes, un porte-parole des saigneurs d'hébéa sur le programme, a été abattu et tué. En outre, la maison de Suzuki et son bureau à l'université ont été cambriolés (avril 1991) et une balle a été tirée à travers une de ses fenêtres à la maison. [63] Cela sert comme un avertissement à tous les éducateurs respectés qui oseraient critiquer et représente, selon moi, un signal important quant à la direction vers laquelle peut se diriger l'industrie.

---

[62] *From Max Weber*, p. 98

[63] *The Montreal Gazette*, May 18, 1991

Un autre exemple d'une institution mettant à risque les idées et croyances publiques a eu lieu au Québec, Canada. De novembre 1990 à mai 1991, Hydro Quebec a obtenu une injonction interdisant à la presse de reporter des nouvelles concernant des contrats existants entre la compagnie d'électricité et les fonderies d'aluminium. Les fonderies auraient un impact sur 10 000 Cris autochtones dans la Baie-James et affecteraient éventuellement l'écologie de la planète toute entière. La censure témoigne de la préconisation de la politique du Cœur et de l'Esprit encore utilisée comme moyen de contrôle ordinaire. Gagner le cœur des gens et manipuler l'esprit des gens est depuis longtemps un outil des plus puissants. Il est intéressant que, même après l'expiration de l'injonction judiciaire, aucun média dans la province n'a révélé les détails. Et là où les masses créent leur propre média en dépit de l'autorité, comme le mur démocratique en Chine, cela prend des proportions légendaires.

Un arme de guerre sinistre entre les classes se trouve souvent dans les fissures entre la propagande et la vérité, que ce soit dans le but de tourner les roues de l'industrie, couper la canne à sucre ou servir à l'État-nation de chair à canon, «...**pour cette société est presque majoritairement dominée par des forces très puissantes – constellations de gens et de richesses – qui sont attachées à l'idéologie de l'exploitation, et cette idéologie imprègne les moyens de communication à un tel point qu'elle devient pratiquement incontestée.** » [64]

Nos médias contemporains sont en effet un outil de la peur, de la propagande et de la désinformation qui encore une fois est d'usage avec les tactiques de la domination.

Quand on pense à la domination aujourd'hui, il est important de penser au rôle du journaliste ou des médias dans l'ensemble. Nous acceptons que la concentration de l'appropriation des médias soit réduite à moins de personnes, d'organisations et de groupes par rapport aux années précédentes. Ralph Miliband a estimé qu'il y avait une « ingénierie de consentement » [65] commune aux sociétés capitalistes qui favorise une croyance dans le statu quo parmi les masses. Il s'agissait d'un examen approfondi basé sur la vue de Marx, citant que « la classe qui contrôle les moyens de production contrôle les moyens de produire des croyances et des symboles dans une société. » Le contrôle de l'esprit est un moyen rentable pour dominer une société. Au cours de la guerre du Vietnam (action de la police) il a été dénommé politique « des Cœurs et des Esprits ». Le charismatique le sait consciemment ou inconsciemment, et c'est la raison pour laquelle il ne croit qu'à ce qu'il voit par lui-même.

---

[64] *Politics and the Restraint of Science*, LA. Cole, Rowman Pub, 1983 p. 87
[65] *Sociology A Brief but Critical Introduction*, Anthony Giddens, Harcourt Brace Johanovich, 1987, p. 41

Charisme, Domination et Économie Rationnelle

Le rôle des leaders de l'économie rationnelle est de montrer de la force et ne jamais s'affaiblir. Pour encourager la croyance en son système par tout moyen, qu'il s'agisse des fouets et des chiens de la police sud-africaine ou l'achat des médias par le complexe militaro-industriel. General Electric, un commerçant massif d'armes a fait exactement cela en achetant NBC en 1986 pour 6,28 milliards de dollars. [66] La société qui a tout intérêt à faire la guerre a acheté l'agence.

Le charisme peut rejeter la structure économique rationnelle. [67] Ce point est bien observé en notant un événement en mai 1967, lorsque 18 membres du parti YIPPIE ont interrompu le trading sur le plateau de la bourse de New York en jetant des dollars de la Galerie de l'observateur à la salle de marché en dessous. La ruée qui en résulta pour l'argent (entre 100$ et 1000$) parmi les traders a stoppé le business de la nation pendant plusieurs minutes. Cela a remporté beaucoup de points charismatiques pour les porte-parole de la Youth International Party, Jerry Rubin et Abbie Hoffman. [68]

---

[66] *Press For Conversion*, Issue 3, 1990, p. 20

[67] *Economy and Society*, p. 1113

[68] *Revolution for the Hell of It*, by Free, Dial Press, 10th print, 1970, p. 35-38

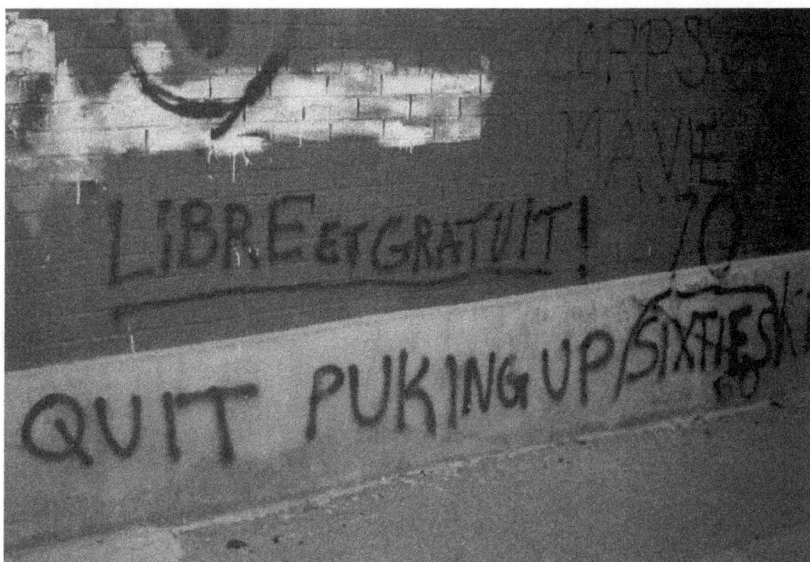

Il y a une similitude remarquable entre les règles de Sutherland et le comportement révolutionnaire du leader charismatique et ses disciples. Le comportement criminel est un comportement tellement gouverné par les us et coutumes, les mœurs et les normes juridiques de la société. Je crois que le charismatique rationnel de valeur agit d'une manière révolutionnaire, qu'il s'agisse de poète, écrivain ou guerrier. Ensuite, je crois qu'il est raisonnable de transposer le mot criminel par le mot révolutionnaire et trouver que les règles de Sutherland s'appliquent bien aux deux.

« Les Règles de Sutherland de l'Association Différentielle. [69]

1. Le comportement criminel s'apprend.

---

[69] *Deviant Behavior*, Alex Thio, 3rd edition, Harper & Row, 1990, p. 35-38

2. Le comportement criminel s'apprend en interaction avec d'autres personnes dans un processus de communication.

3. La partie principale de l'apprentissage du comportement criminel se produit au sein des groupes personnels intimes.

4. Lorsque le comportement criminel est appris, l'apprentissage comprend ; A) Des techniques de commettre le crime. B) Le sens précis des motifs, mobiles, rationalisations et attitudes.

5. Le sens précis des motifs et des mobiles tirés des définitions des codes juridiques comme favorable ou défavorable.

6. Une personne devient délinquante à cause d'un excédent des définitions favorables à violation de la Loi par rapport aux définitions défavorables à la violation de la Loi.

7. L'association différentielle peut varier en fréquence, durée, priorité et intensité.

8. Le processus d'apprentissage du comportement criminel par association avec des motifs criminels et anticriminels implique tous les mécanismes qui participent à n'importe quel autre apprentissage.

9. Tandis que le comportement criminel est une expression des besoins et valeurs généraux, il n'est pas expliqué par ces besoins et valeurs généraux, étant donné que le comportement non-criminel est une expression des mêmes besoins et valeurs. »

L'Environnement et sa Relation avec le Charisme

Le mot environnement inclut l'air qu'on respire, le sol sur lequel on se tient et l'eau et la nourriture ingérées par l'individu. Les médiums, psys et sociologues sont tous d'accord que l'environnement, c'est-à-dire les conditions dans lesquelles se trouvent les participants et les observateurs, affecte les jugements, les actions, et les idées des deux rôles. Il est à noter que l'environnement qui affecte les individus n'est limité que par les conditions planétaires observables, les individus, les groupes et les organisations qui évalueront leur comportement consciemment ou inconsciemment dans ce contexte. Quand on parle de l'environnement sociologique ou psychologique de l'acteur social, l'analyste moderne devra peut-être donner à l'environnement de la terre autant d'importance que la famille dysfonctionnelle ou les conditions économiques de l'acteur social.

L'air que nous respirons et l'eau que nous buvons sont remplis avec la cruauté de l'impérialisme. Je fais allusion aux toxines qui sont entrés dans la chaîne alimentaire sur une échelle qui n'existait pas avant les années 1950. Je mentionne l'environnement parce qu'il semble être une préoccupation partagée à la fois par les réactionnaires et les éducateurs conservateurs dans de nombreux pays, quelle que soit la langue, l'origine ethnique ou la région. L'air ne sent pas aussi bon qu'avant et un de trois Canadiens est prévu de mourir d'un cancer, une maladie souvent liée aux produits synthétisés comme les carters de l'uranium appauvri qui sont utilisés dans les munitions de guerre.

L'environnement n'est plus considéré comme strictement un problème national. On a tendance à le considérer comme un problème qui affecte toutes les nations. Ceci place ensuite les préoccupations environnementales à l'échelle mondiale et donc les idées, croyances et actions associées à ces préoccupations peuvent en effet être le signe d'une tendance ou une direction qui sera un terrain d'entente sur les préoccupations actuelles des États-Nations de pesage. Ici, il y a conflit. Un conflit entre les chefs d'États et les masses serait polarisé par la complicité entre les entreprises et les affaires de l'État. Il s'ensuit alors que ce conflit serait actuel ou émergent dans l'augmentation du nombre des États-Nations.

Si la magie relève de l'irrationnel, et la protestation des groupes environnementaux est une réaction contre l'exploitation économique rationnelle de l'environnement, alors dans un sens, un groupe environnemental est similaire à la fraternité magique de Weber. [70] La formation environnementale est similaire à la formation magique. Constatez les alliances croissantes ayant lieu entre les adorateurs traditionnels de la Terre Mère qu'ils soient des intellectuels de classe moyenne blanche ou les nations autochtones.

« L'ampleur et la direction de la « rationalisation » sont ainsi mesurées négativement en termes du degré selon lequel les éléments magiques de la pensée sont déplacés, ou positivement par l'ampleur selon laquelle les idées gagnent en cohérence systématique et en consistance naturaliste. » [71]

---

[70] *Economy and Society*, p. 1145

La physique du chaos, la magie et peut-être la musique jazz non syncopée (si elle a existé à son époque), ce sont les aspects de la vie, mesures et outils que Weber aurait cherché à marginaliser par la science empirique et la dévotion fataliste à la pensée systématique rigide. Cela a toujours été un terrain fertile pour le nationalisme radical, la tyrannie et le totalitarisme. Ce concept a été bien illustré par le poète Montréalien, Leonard Cohen. "**Jazz Police are looking through my folders. Jazz Police are talking to my niece. Jazz Police have got their final orders. Jazzer, drop your axe, it's Jazz Police.**" [72] Je parie que c'était la Jazz Police qui ont tiré sur David Suzuki.

---

[71] *From Max Weber*, p. 50

[72] *I'm Your Man*, Leonard Cohen, 1987

Berger - Plaisirs et Frissons

Weber suppose l'inéluctabilité de « ...la mort lente du
charisme à chaque heure de sa vie à cause d'un étouffement sous
le poids des intérêts matériels. »[73] La canalisation de l'intérêt
de la masse du matérialisme au spiritisme, paganisme,
environnementalisme ou tout autre « isme » a longtemps
été un défi pour l'église, les communistes, les hippies, les
socialistes, les humanistes, les éducateurs et d'autres qui
voient la préservation et le maintien de l'espèce humaine

---

[73] *Economy and Society*, p. 1120

en termes de lumières et d'amour. Je crois que le dossier de ce sujet n'a toujours pas été clos. Pour chaque étudiant de la Kent State University, dont les fleurs ont été réduits à néant par les fusils (mai 1970, Ohio) et les étudiants qui ont mis feu à leur corps en signe de protestation contre la police battant un étudiant à mort en Corée du Sud (mai 1991). Ces sortes d'actions ont gardé la conscience de l'opposition dissidente et matérielle en vigueur et en mémoire.

Le Style Charismatique – Le Devoir et la Mission

« La validation consensuelle est le degré d'accord approximatif avec une autre personne ou d'autres personnes significatives qui permet des communications assez exactes par discours ou autre, et l'élaboration d'inférences généralement utiles à propos de l'action et la pensée de l'autre. » [74]

« Un comportement qui est lié ouvertement, consciemment, sur le plan éthique, ou symboliquement à un autre être humain (réel, collectif ou imaginaire) est interpersonnel ». [75]

« Le charisme ne connait que la détermination intérieure et la contention intérieure. Le titulaire du charisme s'empare de la tâche qui est adéquate pour lui et demande l'obéissance et des disciples en vertu de sa mission. Son succès détermine s'il les trouve. Sa réclamation charismatique tombe à terre si sa mission n'est pas reconnue par ceux à qui il se sent être envoyé. S'ils le reconnaissent, il est leur maître ...tant qu'il sait comment

---

[74] *Interpersonal Diagnosis of Personality: A Functional theory and Methodology for Personality Evaluation*, Timothy Leary, Ronald Press, 1957, page 9
[75] Ibid., p. 4

maintenir la reconnaissance en « s'itinérant » lui-même. Mais il ne dérive pas son « droit » de leur volonté, à la manière d'une élection. Au contraire, l'inverse est valide : il est du devoir de ceux à qui il adresse sa mission de le reconnaître comme leur dirigeant charismatiquement qualifié. » [76]

Il est plus intéressant de comparer ces déclarations. La première par Leary, la deuxième par Weber. Weber voit le fardeau de la reconnaissance, dans ce cas, dans les éventuels disciples et semble avoir une dénomination plus ou moins claire entre le disciple et celui qu'il suit. Mais Leary, selon moi, implique plus clairement que le charismatique est responsable de communiquer le message d'une manière clairement compréhensible que le public comprend. En d'autres termes, ce n'est pas suffisant d'avoir un message, mais l'élocution elle-même est une partie importante du processus. Cette disparité entre l'élocution et la réception du message peut être révélée comme concept et vocabulaire. Tout comme un avocat doit faire attention à ne pas prendre ses distances du jury en utilisant des concepts et mots trop compliqués pour être compris par le jury, je crois que c'est encore plus le cas pour le charismatique. Le charismatique rationnel de valeur souvent travaille sous tension, pression et a été choisi par un groupe opérant avec une détente à ressort spiral, pour ainsi dire. La foule cherche

---

[76] *From Max Weber*, p. 246

toujours le moins d'anxiété par l'itinéraire crédible le plus rapide.

Si nous acceptons le devoir de l'acteur social, non pas comme une vocation, mais comme un attribut humain normal d'éviter l'anxiété, alors nous sommes d'accord à la fois avec Karen Horney et Timothy Leary que l'acteur social vise l'environnement le plus confortable que l'on croit pouvoir atteindre. Il est important ici que le charismatique ne soit pas coupable de fournir de faux espoirs pouvant conduire à long terme à la frustration de l'état.

« **Le premier principe de fonctionnement de la dynamique interpersonnelle. La personnalité est le modèle multiniveau des réponses interpersonnelles (manifestes, conscientes, privées) exprimées par l'individu. Les comportements interpersonnels visent à réduire l'anxiété. Toutes les activités sociales, émotionnelles interpersonnelles d'un individu peuvent être comprises comme une tentative pour éviter l'anxiété ou établir et maintenir l'estime de soi.** » [77]

Le leader a un travail à faire. Il est soit donné ou créé par lui et les gens respectent cette activité. « **...les dirigeants des groupes plus efficaces ont tendance à être ceux qui se préoccupent de la réussite de la tâche, si la situation est soit très facile ou très difficile pour le leader. Lorsque la situation est de difficulté intermédiaire, le leader le plus efficace est celui qui consacre son attention principalement sur les relations**

---

[77] *Interpersonal Diagnosis of Personality*, p. 15

interpersonnelles amicales. » [78] Schiffer estime que Weber ne donne pas suffisamment d'importance à la Psychologie de Groupe et que les acteurs sociaux qui suivent les leaders charismatiques de Weber, dans ses textes, le font aveuglément.

La dynamique de groupe suggère que la direction est assurée par le leader. Il y a encore une fois l'accent sur les relations interpersonnelles, ce qui implique que la méthode et l'élocution de la communication sont importantes. Ce sont des personnes orientées vers l'objectif (en ce moment-là) qui servent à traiter les ensembles spécifiques de problèmes ou en cas d'impossibilité de reconnaître une situation problématique, ils serviront probablement à maintenir un bureau et apparaître comme une figure de proue symbolique. Ce comportement persiste davantage en situation de non-crise.

Lors de la définition de « leader » il est important de considérer que, « ...tout membre d'un groupe exerce le leadership dans la mesure où les propriétés du groupe sont modifiées par sa présence dans le groupe... Le leadership et la performance de groupe sont conçus comme nécessairement liés l'un à l'autre. » [79]

---

[78] *Group Dynamics: Research and Theory*, Ed., Cartwright and Zander, Harper & Row, 1968 3rd edition, p. 302

[79] Ibid., p. 304

« Il {le leader} doit être conscient qu'il faut une fonction donnée. Il doit sentir qu'il est capable de l'exécuter, qu'il a assez de compétences pour faire ainsi, ou qu'il est sans risque pour lui de tenter de le faire. » [80]

C'est le faiseur de miracles. Tant qu'elle réalise des merveilles elle est la bienvenue. Tant que le but pointe à l'horizon et semble possible, le charismatique sera respecté.

Encore une fois, les concepts fondamentaux de la dynamique de groupe suggèrent que le charismatique est un type de protection et qu'il ira très loin pour subvenir à leurs besoins. « L'acteur social répond à ceux qui ne l'ont pas rejeté et si le groupe lui fournit la chaleur et l'acceptation, l'acteur va défendre et même passer à l'offensive pour eux. »[81]

---

[80] Ibid., p. 310
[81] Ibid, p. 310-311

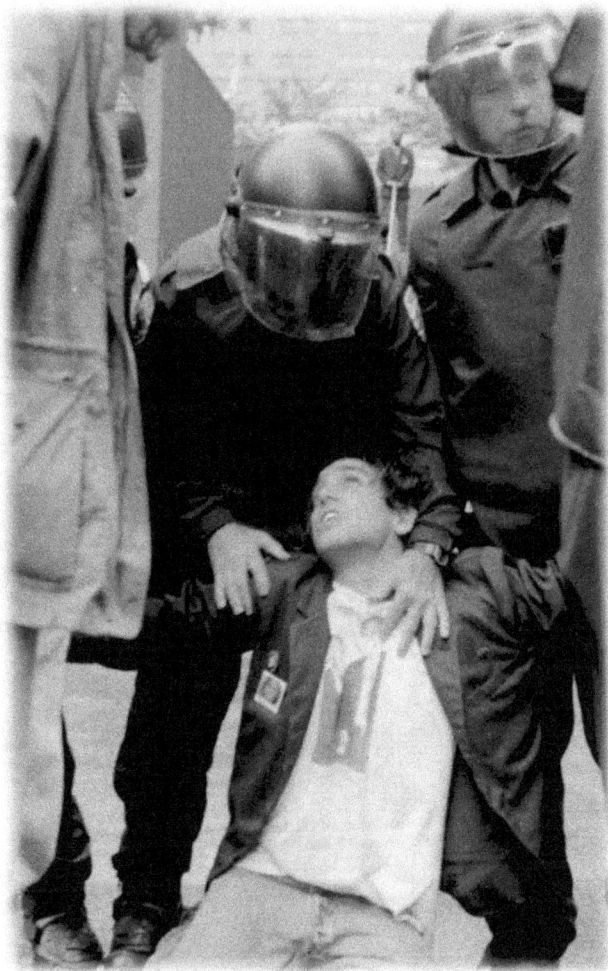

Le charismatique cherche le changement, dérive envers ceux qui ont besoin de changement, et fournira ce qui est nécessaire pour susciter l'action sociale ou rediriger éventuellement l'action sociale existante en fournissant une avenue ou échappatoire plus confortable de ce moment de crise.

Charisme et Déviance

Le leader charismatique – est-il un déviant tertiaire ? L'acteur social n'a pas le choix quand il s'agit de voir la lumière. Il est dépourvu de toutes les autres charges.

Le Processus de Devenir un Déviant Secondaire ou le Modèle de Stabilisation d'Identité de Déviance de Lemarts [82]

1. Déviation primaire.
2. Sanctions sociales.
3. Davantage de déviation primaire.
4. Sanctions plus fortes et rejet de et contre les déviants.
5. Davantage de déviation. L'hostilité et le ressentiment peuvent se concentrer sur les punisseurs.
6. La communauté stigmatise formellement les déviants lorsque la tolérance de la société est violée.
7. Le comportement déviant réagit à la stigmatisation et aux pénalités en renforçant le comportement.
8. L'acceptation ultime du statut social déviant, basé sur le rôle associé.

---

[82] *Deviant Behavior*, Alex Thio, p. 57

Kitsue continue à appeler ceux qui rejettent le statut déviant des « déviants tertiaires ». [83] En raison de leur détermination et force à rejeter les contrôles externes, le contrevenant tertiaire de norme et le leader charismatique peuvent être suivis. Leurs moments de force et d'élocution dans une communauté peuvent être un point tournant dans le flot des lois, coutumes et mœurs de cette communauté.

Les définitions de Kitsue et Lemart de la déviance correspondent toutes les deux en effet étroitement à celle du charismatique de Weber dont, « ...les limites sont établies par une personne tirant sa légitimité qu'à partir de sources au sein de lui-même. » [84]

Il s'agit d'un concept clé que notre charismatique fantôme aurait tellement l'audace pour crier du haut de la colline que, « *Vous avez tous tort de vous accrocher à vos croyances et que moi seul ai raison et ne me soucie plus des réactions négatives des autres.* »

Si nous acceptons qu'il y ait une relation mutuelle entre le charismatique et l'éventuel disciple alors chacun dévie de la norme. Chacun est impliqué dans un processus de créer quelque chose de nouveau et de différent de ce qui existait dans le passé. « ...un facteur psychologique important en leadership – à savoir que tous les leaders, dont le

---

[83] Ibid., p. 59
[84] *Charisma*, Schiffer, p.4

charismatique, sont à un degré significatif des créations du peuple. » [85] Pour simplifier, l'ancien ordre tombe à terre, il y a une période de confusion, de nouveaux ordres sont examinés, puis tout ce qui devient routinier est le nouvel ordre accepté. Cela ne veut pas dire que c'est un processus 1-2-3. Il peut y avoir une lutte d'arrière en avant le long de ce continuum à tout moment, pour une durée de temps variable, jusqu'au moment où l'acteur social ou l'ordre le moins épuisé devient prioritaire.

Le leader, le rebelle, l'acteur social qui se distingue dévie de la norme. Calvin est le déviateur. Les calvinistes sont conformes à Calvin mais non conforme à l'ordre d'avant. Calvin n'en serait arrivé nulle part s'il s'était tenu devant le public et admis que bien qu'il eût tort, ils devraient le suivre de toute façon. Le charismatique reconnaît les

---

[85] *Charisma, a psychoanalytic look at mass society*, Schiffer, University of Toronto Press, 1973, p. 6

difficultés d'avoir raison, dans la mesure où nous pensons tous subjectivement. Il s'agit de la mise en œuvre de la logique rationnelle de valeur. Le déviant qui sent qu'il a tort est certainement différent du déviant qui pense qu'il a raison. L'évolution éventuelle du déviant tertiaire, s'il est assez puissant, sera d'entrer dans le domaine politique.

Il y'en a beaucoup plus qui sont désignés disciples plutôt que leaders. En période de crises ou de panique, la première personne à crier, « *On sort par là !* », dans l'incendie d'un théâtre *ou « Les cochons ! »*, dans une émeute peut être suivi. Mais un suivi durable, c'est-à-dire un suivi qui ne s'arrêtera pas jusqu'à ce que le but soit atteint, doit être inspiré par celui dont les éventuels disciples croient qu'il sauvera leurs peaux. Naturellement, les gens veulent être du côté gagnant d'un événement, d'une guerre, d'une histoire d'amour ou d'une idéologie politique. Il est préférable de vivre que de mourir, de se sentir bien que de sentir la douleur. Karen Horney a souligné qu'en effet il peut être préférable de sentir moins de douleur que beaucoup. La moindre anxiété peut être choisie.

Je crois que c'est pour ces raisons que le fascisme surmontera toujours le pacifisme. On ne peut pas riposter avec paix et s'attendre que le pacifiste gagne, ça serait antinomique. Ce n'est pas une lutte à moins qu'il existe un conflit, à moins qu'il y ait coercition de la part de tous les participants, parce qu'il y a moins d'anxiété à survivre qu'il y a à survivre aux coups.

Les gens doivent avoir un besoin et un désir de visualiser la grandeur, de pousser la grandeur vers le candidat. Il doit y avoir un besoin réel ou imaginaire, pour toute personne afin d'élire un chef charismatique. Les masses doivent être dotés d'un motif. La « type idéal » de l'humain ordinaire selon moi, c'est quelqu'un qui va faire les choses avec réticence et seulement s'il se doit. S'il y a une raison de ne pas agir il la prendra. C'est une paraphrase de la règle numéro six de Sutherland.

Ceci m'amène à une petite typographie qui illustre le mouvement vers l'élection d'un leader.

Anxiété > Anomie de Durkheim >

Évitement de l'Anxiété > Leader Charismatique

Émile Durkheim parle des besoins sociaux dans une grande partie de son travail. Autant que je pense que la société a parfois besoin de révolution, je me demande aussi quand la société a-t-elle besoin d'être bercée dans la complaisance et l'acquiescement. Le besoin et la motivation peuvent être alors tout à fait semblables. Si l'on examine les racines de la motivation, on retrouvera les sources de l'information disponible aux membres de la société.

La polarisation de l'information, l'espace prévu pour les opinions dissidentes et le niveau auquel les masses peuvent participer à cet échange intellectuel peuvent, dans une certaine mesure, prévoir la direction de la motivation ou comme Weber a si bien résumé dans ses textes *« L'action sociale requiert des idées, une croyance et une direction. »*

Les gens de conscience, des hommes comme Martin Luther qui « n'avaient pas le choix », des femmes comme Ellen Gabriel qui s'est exprimé en termes clairs, ne sont pas des gens de bravoure ou de courage. Ils agissent sur la somme totale de tout ce qu'ils ont appris et le font sans choix. Ils ne peuvent pas fuir. Ils ne peuvent pas se cacher. Ils ne peuvent rien faire d'autre que parler et agir.

Le rôle d'un leader charismatique idéal peut être comparable à celui d'un conseiller matrimonial dans la mesure où chacun essaie de se débrouiller dans un boulot et uniformiser les idéaux pour lesquels ils ont lutté. Le leader populaire qui monte au sommet le fait en confrontation avec les leaders qui sont montés au moyen d'élections traditionnelles, de contestation ou de naissance.

Conclusion

Je crois que les troubles en Europe de l'Est, Corée, Chine et l'impact de la Guerre du Golfe ont commencé à étendre leur influence en Amérique du Nord. L'autonomisation est l'idée que l'individu est d'une valeur supérieure à la bureaucratie qui le surveille.

Ici au Canada, une série d'événements que je dirai arbitrairement qu'ils ont commencé avec Oka (Québec) le 11 juillet 1990, se sont déroulés pour englober un segment croissant de la société. Sur une période de moins de neuf mois, les Canadiens ont dû faire face à une guerre impopulaire outre-mer, un ralentissement économique et un corps d'autochtones qui ont manifesté la volonté d'affronter l'état avec la résistance armée.

Le monde n'est pas devenu moins compliqué et des mesures extrêmes pour le compte de gouvernements et institutions sur le monde entier ont révélé leurs brutalités. Peu de questions sont noir ou blanc, mais la peur et la volonté intense peuvent habiliter les masses à bouger. Ils le font à contrecœur et seulement s'ils doivent le faire. Ils doivent avoir peu ou rien à perdre, nulle part ailleurs où aller et nulle part où se cacher comme, le charismatique.

Ici se trouve le carburant du charismatique, qu'il soit raciste, égalitaire, humaniste ou capitaliste. En cas de crise anomiques, le vide du manque de normes et les doubles messages peut être rempli par n'importe qui semble avoir des réponses et des actions qui diminueront l'état d'anxiété. Malcom X, Gandhi, Martin Luther King, Adolph Hitler, Mère Teresa et Timothy Leary étaient tous des gens qui étaient perçus comme détenteurs de réponses dans leur temps et dans leur contexte. Jusqu'à ce qu'ils fussent défaits par la mort, l'humiliation ou l'échec, chacun d'eux avait une popularité importante. Le livre doit encore être finalisé sur chacun d'eux. L'impact de leur vie demeure avec nous aujourd'hui. Pacifistes, combattants et amateurs peuvent tous trouver une place pour leur message si le moment est opportun. Le timing semble être la capacité de parler quand les gens veulent entendre.

Le charismatique doit composer avec nombreuses idées et implications de grande complexité et le fait souvent en quelques secondes ou quelques jours. Il doit être lui-même car c'est la seule façon d'émettre des jugements à la seconde près qui sont cohérents et corrects. Son esprit est clair sur un point ; il n'a aucun choix que de s'exprimer comme un individu sans conteste.

Je crois que la révolution n'a lieu que quand il le faut. La guerre civile que lorsque les gens ont été divisés par ce qui a été menacé par le leader charismatique. Prenez pour exemple la Yougoslavie qui avait un leader populaire réunissant les masses à la révolution en mars 1991, et quand le gouvernement l'a envoyé en prison, tout ce qui restait de la Yougoslavie fut la guerre de Sécession à cause d'un peuple divisé qui ne croit à personne à l'exception de la domination de la peur et la coercition militaire.

Si l'on considère que les modérés et les réformateurs font leur travail, le charismatique n'a pas besoin de faire le sien car il n'y a aucune anxiété, vide ou nécessité à combler. Sinon pour s'assoir et regarder avec la puissance de l'acquiescement passif, c'est irresponsable.

Peut-être un indice final de ce dont le charisme est composé se trouvent dans les commentaires de Émile Durkheim sur l'impact de la sociologie dans son tract, *"On the Principles of 1789 and Sociology.* Quand on sépare les principes de la révolution du contexte du temps, du lieu et de l'esprit. » Il parlait des composants de l'individualité.

« Ils commencent à partir de la notion abstraite de l'individu en lui-même et depuis se développe le contenu. Compte tenu de la notion d'un individu absolument autonome, ne dépendant que de lui-même, sans antécédents historiques, sans milieu social, comment doit-il se comporter dans ses relations économiques ou dans sa vie morale ? [86]

En effet à ce stade dans la vie du charismatique, il/elle est très bien seul, ne faisant confiance qu'à leurs propres spéculations, guidés par la somme totale de toutes leurs connaissances et leur expérience. Ici le charismatique n'est influencé que par l'environnement qui affecte directement son sens du goût, du toucher, de la vue, de l'ouïe et de l'odorat. Il ne croit que ce qu'il observe concrètement avec ses propres sens de compréhension critique d'être réel. De manière quasi solipsiste, le charismatique peut décider qu'un fait d'actualité dans les médias n'est réel que s'il l'a personnellement observé.

---

[86] *On Morality and Society*, Émile Durkheim, University of Chicago Press, 1973, p. 37

Rien n'est vraiment cru que ce qui a été expérimenté par soi-même. Je crois que cette séparation du soi de l'environnement est l'un des principes les plus importants qui guident l'action du charismatique.

Peut-être si le charismatique entre en contact à ce sujet avec d'autres personnes qui partagent une suspension de volonté d'incrédulité similaire dans une situation de crise, des disciples peuvent se former. Alors le charismatique et ses disciples peuvent se renforcer l'un l'autre exponentiellement.

Quand Durkheim a écrit *The Intellectual Elite and Democracy*, il conseillait les érudits du temps et du lieu de « quitter leurs laboratoires et bibliothèques pour se rapprocher des masses. »

Ces idées, croyances et direction pour les intellectuels bien sûr sont tout à fait en conformité avec les pensées même de Weber sur les principes de l'action sociale. La partialité de Durkheim est certainement plus notable, évidente et simpliste que celle de Weber. Ses écrits de taille de morsure me rappellent des journaux grand format affichés dans les lieux publics, assez simples pour que le citoyen non scolarisé les comprend. Je crois que Durkheim était plus intéressé à habiliter les masses et placer le droit de l'individu au-dessus de ceux de l'État par contraste avec les difficultés que les gens pourraient avoir, selon Weber, à comprendre les moyens et valeurs étrangers à leur propre idéologie. Une difficulté qui, d'après lui, pourrait faire face à ceux « **...qui détestent l'extrême fanatisme rationaliste (comme la fanatique pour la défense des droits de l'homme).** [87] Weber a identifié correctement le système économique rationnel comme routine mécaniste, dépersonnalisante et offensive. [88] Je ne pense pas m'être aventuré loin de la base si j'ai dit que la routine mécaniste, dépersonnalisante et offensive peut engendrer de l'anxiété, un état de comportement et d'émotion qui peut être de fond dynamique pour le développement du processus de charisme.

Émile Durkheim aurait très certainement aidé Timothy Leary dans sa tentative de résister à la coercition physique d'une attaque paramilitaire sur une nation autodéterminée. Max Weber aurait pu voir un homme, avec une vocation, élu au statut de Souverain Sacrificateur et Max serait peut-être resté à l'écart, à côté du F.B.I., notant tous les détails. Weber savait que la coercition physique allait certainement gagner face à un front désuni d'auto-guérisseurs psychédéliques dans un voyage mystique vers l'œil intérieur. Durkheim, en revanche, n'aurait pas eu d'autre choix que de rejoindre la foule des croyants et se tenir au centre des masses au grand esprit, en utilisant ses pouvoirs pour soutenir la révolution.

---

[87] *Economy and society*, p. 6
[88] *From Max Weber*, p. 50

Bibliographie

Thomas Kuhn, The Structure of Scientific Revolution

J.E.T. Eldridge, ed. *Max Weber: The Interpretation of Social Reality.* London, Joseph, 1970

Max Weber. Economy and Society: An Outline of Interpretive Sociology. Ed. Guenther Roth & Claus Wittich (New York, Bedminster Press, 1968)

Report of the Special Joint Committee on a Renewed Canada (Ottawa: Supply and Services, 1992).

Government of Canada, *Shaping Canada's Future Together: Proposals* (Ottawa: Supply and Services, 1991).

Max Weber sur les Universités. Ed & trans. Edward Shils, Chicago, University of Chicago Press, 1974

H.H. Gerth & C. Mills, eds & trans. From Max Weber (London, Routledge & Kegan Paul 1970

Julian Assange, Dim 31 Dec 2006: *The non linear effects of leaks on unjust systems of governance.* Archive web.

Starhawk. *Truth or Dare: Encounters With Power, Authority, and Mastery,* San Francisco, Harper & Row, 1990

The London Chronicle, July 5-7, 1791

The Montreal Mirror, March 26, 1992

Erika Mann. *School for Barbarians: Education Under the Nazis* (London, Lindsay Drummond Ltd., 1939)

See *Kanehsatake 270 Years of Resistance,* Alanis Obomsawin, National Film Board, 1993

Lewis H. Gann. *Guerrillas in History*, Hoover Institution Press, Stanford University, 3rd print, 1975

Gerard Chaliand, *Terrorism: From Popular Struggle to Media Spectacle* (London: Atlantic Highlands, N.J. Saqi Boos, 1987

Albert Memmi. *Dominated Men: Notes Towards a Portrait*, Boston, Beacon Press, 1968

Frederique Apffel Marglin & Stephen A. Marglin. *Dominating Knowledge* Oxford, Clarendon Press; New York, Oxford University Press, 1990

Frederic Lilge. *The Abuse of Learning: The Failure of the German University*, New York, Macmillan Co., 1948

The Essential Rousseau, trans. Lowell Bair, Meridian, 1983

The City and Man, Leo Strauss, Chicago, Rand McNally & Company, 1964
Economy and Society, University of California Press, Max Weber, ed. Roth & Wittich,

The Scientist's Role In Society, Ben David, Chicago, 1984

Interpersonal Diagnosis of Personality: A Functional theory and Methodology for Personality Evaluation, Timothy Leary, Ronald Press, 1957

The Montreal Gazette, May 18, 1991

The Link, Concordia University, March 20th, 1992

Press For Conversion, Issue 3, 1990

Revolution for the Hell of It, by Free, Dial Press, 10th print, 1970

Deviant Behavior, Alex Thio, 3rd edition, Harper & Row, 1990

I'm Your Man, Leonard Cohen, 1987

Group Dynamics: Research and Theory, Ed., Cartwright and Zander, Harper & Row, 1968 3rd edition

Charisma, a psychoanalytic look at mass society, Schiffer, University of Toronto Press, 1973, p. 6

On Morality and Society, Émile Durkheim, University of Chicago Press, 1973

Everywhere They Are In Chains: Political Theory from Rousseau to Marx,, University of Toronto , Nelson, 1988, Horowitz & Horowitz

Modern Political Theory from Hobbes to Marx – Key Debates, ed. By J. Livly & A. Reeve, Routledge, 1989